Diogenes Taschenbuch 24427

W0052088

THOMAS MEYER, geboren 1974 in Zürich, arbeitete nach einem abgebrochenen Jura-Studium als Texter in Werbeagenturen und als Reporter auf Redaktionen. 2007 machte er sich selbständig als Autor und Texter. Sein erster Roman *Wolkenbruchs wunderliche Reise in die Arme einer Schickse*, wurde zu einem Best- und Longseller, die Verfilmung *Wolkenbruch* (2018) war ein großer Kinoerfolg. Thomas Meyer lebt und trennt in Zürich.

Thomas Meyer

Trennt euch!

Ein Essay über
inkompatible Beziehungen und
ihr wohlverdientes Ende

Diogenes

Veröffentlicht als Diogenes Taschenbuch, 2018
Alle Rechte an dieser Ausgabe vorbehalten
Diogenes Verlag AG Zürich
www.diogenes.ch
30/21/852/5
ISBN 978 3 257 24427 4

Gleichheit ist die Seele
der Freundschaft.
Aristoteles

Ein Wort zur Schreibweise

Sehr geehrte Damen, Herren und weitere Geschöpfe,

wo ich auf den folgenden Seiten vom *Partner* spreche, meine ich jedweden Menschen an der Seite eines anderen. Also auch Sie, ungeachtet Ihres Geschlechts, Ihrer Geschlechteridentität und Ihrer sexuellen Orientierung. Die Beschränkung auf die männliche Schreibweise entspringt einzig meinem Verständnis von Leserlichkeit.

Hochachtungsvoll
Ihr Thomas Meyer

Inhalt

Ich glaube, dass
das Leben sehr kurz ist

Ich glaube, dass der Sinn des Lebens darin besteht, Freude zu empfinden und sie zu teilen.

Ich glaube, dass der Sinn einer Beziehung darin besteht, einander gutzutun und in der Entwicklung zu unterstützen.

Ich glaube, dass eine Beziehung, die Sie kleinhält und traurig macht, beendet werden muss.

Denn ich glaube, dass das Leben sehr kurz ist. Zu kurz für alles, was uns nicht zum Lachen bringt.

Also trennt Euch!

Freunde sind sich ähnlich

Ob zwei Menschen zusammenpassen, ist keine Frage der Interpretation. Es passt, oder es passt nicht. Und meistens passt es nicht. Denn zum Passen braucht es viel.

Trotzdem sind nichtpassende Paare in der Mehrheit. Sie machen gewiss vier von fünf Beziehungen aus, und viele von ihnen bleiben für lange Zeit zusammen, obwohl sie alle an ihrer Verschiedenheit leiden – oder gerade deswegen: In ihrem Kummer scheinen sie eine Art verhextes Glück zu sehen und somit einen Anlass, es immer weiter miteinander zu probieren, um diesen Bann zu brechen.

Doch wenn es nicht passt, wird es nie passen, und aus Leid wird immer nur noch mehr Leid, weswegen diese unheilvollen Beziehungen besser heute als morgen beendet werden sollten. Die wenigen anderen aber, die passenden, verdienen die größtmögliche Hingabe.

Ihr Partner und Sie passen zueinander, wenn Sie sich in den *zentralen Aspekten* ähnlich sind; also in Bezug auf
Humor,
Intelligenz,
Wertvorstellungen,
Lebensumstände und -ziele,
persönliche Reife,
Sexualität
und Beziehungsmotiv.

Sie müssen kein besonders lustiger Mensch sein, um einen Partner zu finden, aber Sie sollten einen *ähnlich* witzigen und generell *ähnlich veranlagten* Menschen dazu erwählen. Denn nur wenn Ihre Charaktere miteinander kompatibel sind, ist echtes und dauerhaftes Verständnis zwischen Ihnen möglich – und damit jene Innigkeit, die wir uns alle wünschen.

Häufig ist zwar zu hören, dass Gegensätze sich anzögen, aber diese Idee taugt bestenfalls für Unterhaltungsfilme. Geht es darum, mit jemandem in Frieden – und damit tendenziell unspektakulär – zusammenzuleben, gilt vielmehr der Satz *Gleich und Gleich gesellt sich gern*, was nur eine andere

Formulierung dafür ist, dass Ähnliche einander am besten verstehen, also rational und emotional jederzeit nachvollziehen können, weshalb ihr Gegenüber so denkt, empfindet, spricht und handelt.

Diese Einfühlung gelingt zwar selbst bei unseren besten Freunden nicht immer; auch sie verstören uns bisweilen mit ihren Ansichten und Entscheidungen, wie ja auch umgekehrt. Wir sind ihnen aber deshalb nahe, weil sie uns üblicherweise, an neunundzwanzig von dreißig Tagen, das heimatliche Gefühl vermitteln, in ihnen Geistesverwandte gefunden zu haben. Wäre dem nicht so, wären sie nicht unsere Freunde geworden, und sie bleiben es nur so lange, wie das gegenseitige Empfinden von Gleichklang besteht.

Auch eine Partnerschaft kann nur glücken, wenn sie auf dem basiert, was eine Freundschaft ausmacht: Interesse aneinander, Achtung voreinander und Verständnis füreinander. Treffen Sie also einen Menschen an, dessen Wesen dem Ihren *weitgehend entspricht*, so ist das eine ebenso seltene wie kostbare Begegnung, für deren Gelingen Sie nichts unversucht lassen sollten.

Die Nichtpassenden – die Unähnlichen, die Inkompatiblen – geben sich gegenseitig ständig Rätsel auf. Sie sind einander zwar zugetan, sehen aber zu vieles zu verschieden, und auch wenn sie ihre gemeinsame Zeit zu großen Teilen dafür aufwenden, sich dem andern verständlich zu machen, gelingt ihnen das nur ausnahmsweise.

Letztlich bleiben sie sich fremd. Denn auch die heftigste körperliche Anziehung, die aufrichtigste Kommunikation und der gewandteste Paartherapeut sind nicht imstande, Ähnlichkeit zu schaffen. Diese ist gegeben oder nicht, und wie man sich im Rückblick zerknirscht eingestehen muss, macht sich ihr Fehlen schon von Anfang an bemerkbar, ebenso wie das quälende Gefühl der ausbleibenden oder höchstens gelegentlich auftretenden seelischen Verbundenheit.

Wie sollen Sie sich auch erkannt, akzeptiert und geschätzt fühlen von jemandem, der sich nicht erwärmen kann für die Dinge, die Sie beschäftigen, der nie über Ihre Scherze lacht, aber dafür über Ihre Vorstellung einer besseren Welt, und dessen Gesinnung und Betragen in Ihnen immer wieder den Wunsch wecken, ihn wachzurütteln – kurz: der Sie ebenso wenig versteht wie Sie ihn?

Das Leid, das solcher Verschiedenheit entströmt, ist kolossal und hat seinen Ursprung darin, dass die beiden nichtpassenden Partner einander nur aufgrund gegenseitiger, mit allerlei Glückserwartung und Verschmelzungsphantasie bemäntelter Anziehung ausgewählt haben und nicht danach, ob sie miteinander kompatibel sind.

Haben sich die schwärmerischen Gefühle dann gelichtet und den Blick auf die nichtpassende Wirklichkeit freigegeben, trennen sich die meisten Unglückseligen aber nicht etwa. Stattdessen gehen sie zum Versuch über, einander mit monumentalem Starrsinn von ihrer jeweiligen Wahrheit zu überzeugen, im ehrlichen Ansinnen, auf diese Weise Verständnis zwischen sich herzustellen: *Wenn du die Dinge doch nur so sähest wie ich! Dann verstünden wir einander endlich und wären glücklich!*

Allein, diese Logik hat mit Verständnis nichts zu tun. Sie ist im Gegenteil ein gnadenloser Kampf zweier ungleicher Systeme um die Dominanz, der, da beide Partner ihn führen, unmöglich gewonnen werden kann und dessen Ergebnis einzig darin besteht, dass sie ihren Humor und den Respekt voreinander verlieren – und schließlich die Freude am Leben. Ironischerweise können sie einander dabei aber durchaus lieben. Denn Liebe und Kompatibilität sind nicht dasselbe.

Liebe ist kein Grund,
mit jemandem zusammen zu sein

Bloß weil Sie Ihr Herz an jemanden verschenken, heißt das nicht, dass Sie mit diesem Menschen eine funktionierende Beziehung führen oder überhaupt schöne Erfahrungen machen werden. Sie können sich ohne Weiteres zu jemandem hingezogen fühlen, dessen Geisteshaltung Ihrer eigenen komplett zuwiderläuft, der Sie schlecht behandelt oder dessen Leben ein derartiges Chaos ist, dass Sie an seiner Seite in Mitleidenschaft gezogen werden. Auch Ihren Eltern gegenüber werden Sie ein Leben lang Liebe empfinden; ganz gleich, wie sie mit Ihnen umgegangen sind. Das eine hat mit dem anderen nichts zu tun – Liebe lässt sich von Problemen nicht aufhalten, vermag diese aber auch nicht zu lösen. Sie ist zu vergleichen mit der Sonne, die immer wieder über Stalingrad aufging und das Gemetzel in wärmendes Licht tauchte, ohne es aber in irgendeiner Weise zu mindern.

Begehrende Gefühle zu entwickeln, ist ein emotionaler Vorgang, den Sie nicht beeinflussen können und auch nicht zu beeinflussen brauchen. Die Liebe ist eine höchst erquickliche Erfahrung, die Sexualität ebenso, und intime Begegnungen mit anderen Menschen sind dazu da, dass man sich entwickelt und aneinander erfreut – aber nicht unbedingt dazu, in eine lebenslange Partnerschaft zu münden. Allerdings wecken positive Emotionen meist exakt diesen Wunsch, und da nur wenige Charaktere wirklich mit Ihnen übereinstimmen, ist er in der Regel auf Personen ausgerichtet, die *nicht* zu Ihnen passen.

So gesehen ist der Liebe nicht zu trauen, oder besser: Man sollte sich nicht mit ihr begnügen. Man darf nicht glauben, magnetisches Empfinden gegenüber jemandem, den man überhaupt nicht kennt, sei ein Garant für eine harmonische Zukunft mit ihm. Vielmehr sollten Sie der zugegebenermaßen unromantischen, aber entscheidenden Frage nach der *Kompatibilität* und dem *Wohlbefinden* die nötige Beachtung schenken; also Ihren Partner oder den Menschen, von dem Sie sich wünschen, dass er dazu wird, nicht nur danach beurteilen, wie attraktiv und interessant er auf Sie wirkt, sondern auch danach, ob Sie sich mit ihm *verstehen*, ob er also eine ähnliche Weltsicht hat und ähnlich reif ist wie Sie, und ob Ihnen seine Nähe *gesamthaft guttut*.

Denn eine Beziehung mit jemandem, der nicht zu Ihnen passt, verursacht erheblichen Stress, was sich in Gefühlen von Beklemmung, Ohnmacht, Frustration und Isolation äußert, oftmals Alkohol- und Drogenmissbrauch, heimliche Affären, generelle Unaufrichtigkeit sowie verschiedenste körperliche Reaktionsbeschwerden nach sich zieht und Ihnen zu wenig Zeit und Kraft für die Dinge lässt, die Sie und andere erfreuen und weiterbringen.

Dass über einer derartigen Szenerie fortwährend Trennungsgedanken aufsteigen, ist nicht verwunderlich. Sie sind die logische Folge der regelmäßig empfundenen Ahnung, dass Sie sich auf einem Kurs befinden, der Sie immer weiter von sich selbst wegführt und immer tiefer in den Schmerz des Nichtpassens hinein. Es gibt Menschen, denen das ganz recht ist, denn sie neigen zum Drama und sind erst zufrieden, wenn sie unzufrieden sind – wir werden ihnen später kurz begegnen. Alle anderen aber haben ihren gemeinsamen Weg nicht beschritten, um zu leiden, sondern um miteinander glücklich zu sein, und stellen, nachdem sie sich von ihrer hormonellen Erblindung erholt haben, verwundert fest, dass sie es nicht sind: *Ich liebe diesen Menschen doch, wieso denke ich immer wieder daran, ihn zu verlassen?*

Dieser irritierende Gegensatz von Zuneigung und Fluchtplanung ist nur zu verkraften, indem Sie sich immer wieder einreden, Ihre Liebesgefühle seien ein eindeutiges Zeichen, dass Sie zusammengehören, und Ihre Trennungserwägungen daher mangelnder Dankbarkeit und genereller Schlechtigkeit geschuldet. Aber Liebe ist weder ein Indiz für das Passen noch eine Voraussetzung dafür. Sie ist vollkommen neutral und stellt keinerlei Bedingung. Mal gilt sie einem Menschen, der Ihnen das Leben versüßt, mal einem, der es Ihnen zur Hölle macht; sie führt hier zu positiven Erfahrungen und dort zu schlechten. Sie lässt sich weder erzwingen noch ausradieren. Und auch anständige Leute erwägen, sich zu trennen – dann nämlich, wenn ihr Charakter sich als nichtpassend zu demjenigen ihres Partners erweist und sie unter den mannigfaltigen Konsequenzen dieser Inkompatibilität leiden.

Wir werden mit unserem Naturell geboren und sterben mit ihm. Wir können auf unserem Weg *reifen, lernen* und uns *entwickeln*, wir können versuchen, schädliche Verhaltensweisen abzulegen und uns konstruktive anzugewöhnen, aber *verändern* werden wir uns nicht. Der Geizige bleibt geizig und die Großzügige großzügig, die in sich Gekehrte bleibt in sich gekehrt und der Gesellige gesellig. Zu den einen passt unser Charakter gut und zu den anderen schlecht, und daran ändert die Liebe nicht das Geringste. In ihrer Kraft stehen die menschliche und künstlerische Hingabe, das Verzeihen, das Versöhnen und die Heilung, doch an der Aufgabe, die Verschiedenheit zwischen zwei Menschen zu überbrücken, wird sie *immer* scheitern.

Und wenig zerreißt einen mehr, als jemanden zu lieben und festzustellen, dass die Liebe nicht reicht. Nicht weil zu wenig davon vorhanden ist – sondern weil auch die größte Liebe allein als Grund nicht genügt, um mit jemandem zusammen zu sein.

»Es brauchte nur so wenig!«

Solange Sie sich in einer nichtpassenden Beziehung befinden, oszillieren Sie unablässig zwischen der Klage über Ihren Partner und der Beteuerung, mit diesem *eigentlich* eine gute Beziehung
zu führen, da er *eigentlich* perfekt zu ihnen passe –
wenn bloß jene lästige Eigenschaft nicht *wäre*, er
endlich diese eine Einsicht *hätte* und sein Verhalten Ihnen gegenüber ändern *würde*.

Wohl ahnen Sie, dass an diesen Überlegungen
etwas nicht stimmt, wollen aber nicht wahrhaben,
dass Sie und Ihr Partner schlechterdings nicht zusammenpassen, denn dieses Eingeständnis hätte
unweigerlich zur Folge, dass Sie sich von ihm
trennen. Also legen Sie den Fokus anstatt auf die
tatsächlich problematische Personenkombination
auf die *vermeintlich* problematische Natur Ihres
Partners, in dessen Gebaren Sie die Quelle für Ihren Schmerz ausmachen, werden furchtbar wütend
darüber, dass dieser Lump fähig ist, Sie dermaßen
zu quälen, und erteilen sich den Auftrag, ihn durch

charakterchirurgische Eingriffe zu einem Menschen zu machen, der besser zu Ihnen passt.

Allerdings sieht der Lump die Sache genau gleich und ist ebenfalls darauf aus, sein albernes Gegenüber zerebral auszuhöhlen und mit den eigenen brillanten Ansichten zu Beziehung, Liebe und Logik auszustopfen – ein Vorhaben, das bald zum abendfüllenden Faszinosum wird, neben dem es an Lebensinhalt gar nicht mehr viel braucht.

Nebenbei versuchen Sie, weil Sie ja mit gutem Beispiel vorangehen möchten oder zumindest nicht mit schlechtem hinterherhinken, die Anregungen Ihres Partners zu würdigen, wie Sie zu einem besseren Menschen werden können, und halten sich überdies kleinlaut vor, Sie müssten sich nur *ein bisschen mehr Mühe geben*, Ihre *übertriebenen Ansprüche* etwas zügeln und sich *endlich mal zufriedengeben* mit dem, was Sie haben. Es *brauchte* nur so wenig, und alles *wäre* gut!

Daran aber, dass Sie ständig *eigentlich* sagen, wenn Sie über Ihre Beziehung sprechen, dabei inflationär den Konjunktiv benutzen und sich ereifern, was Ihr Partner alles erkennen, verstehen und ändern *müsste*, zeigt sich, dass Sie sich nicht in der Realität aufhalten, sondern, pardon, in einer Wahnvorstellung. Denn die Person, die Sie in Ihrem Partner sehen, existiert nicht. Er ist, wer er *ist*, und nicht, wer er sein *könnte* – egal wie groß der Bedarf und wie gering der Aufwand für die Metamorphose Ihrer Ansicht nach ist. Das Wort *eigentlich* steht in diesem Fall synonym für *im Gegenteil* und nicht für *im Grunde*. Wer davon spricht, wie wenig es brauchte, um mit seinem Partner eine glückliche Beziehung zu führen, sagt damit nur eines: dass er unglücklich ist.

Natürlich ist es verlockend, die Idealversion Ihres Verhältnisses zu bestaunen und zu behaupten, diese Vorstellung sei dermaßen realistisch, dass sie praktisch real sei. Und es fällt auch nicht schwer; schließlich haben Sie Ihren Partner gern und schätzen seine unwiderlegbaren Qualitäten sowie die angenehmen Begegnungsmomente, die es ja trotz allem gibt und die Ihnen gemeinerweise immer wieder zeigen, wie schön doch alles *sein könnte*.

Doch die Zuversicht, die Sie aus diesen Gedankenspielen gewinnen, ist nicht echt. Sie ist das Zuckergebäck der Selbsttäuschung, das Sie gierig verschlingen, um den bitteren Geschmack der Wahrheit zu übertünchen. Sosehr Sie sich auch einreden, die letzte Stunde Ihrer Probleme sei gekommen – am nächsten Morgen sind sie noch immer da. Es hat einen einfachen Grund, weshalb sich nie etwas ändert: weil es sich nicht ändern *lässt*. Sonst wäre es längst geschehen. Mehr Mühe, als Sie sich bereits gegeben haben, können Sie sich nicht geben. Sie sind weder faul noch dumm, ebenso wenig Ihr Partner. *Es passt einfach nicht.*

Die wundersame Heilung, auf die Sie warten und auf die Sie letztlich Ihr Wohlergehen abstützen, wird darum niemals eintreten. Ihr Partner wird seine Mängel oder das, was Sie dazu ernannt haben, nicht über Nacht ablegen; am allerwenigsten an Ihrer Seite und auf Ihre Anordnung hin. Falls er sich entwickelt, dann durch eigene Entscheidung und durch eigenes Zutun und weit weg von dem Menschen, der ihn dazu gedrängt hat.

Im Übrigen müssen Sie davon ausgehen, dass Ihr Partner ist, wie er ist, weil er so sein *will*, und akzeptieren, dass er so sein *darf*. Auch wenn Sie mit Ihren Beanstandungen – und das macht die Sache ja so reizvoll! – wahrscheinlich in vielen Punkten recht haben: Es nützt Ihnen nichts. Wer seinen Partner verändern will, macht bloß zwei Menschen unzufrieden.

Oder wie gut ist es Ihrem Partner gelungen, *Sie* zu dem Menschen zu machen, den *er* gern an seiner Seite hätte? Inwieweit hat er Sie dazu bringen können, Ihre Auffassung einer erfolgreichen Beziehung fallen zu lassen und durch seine eigene zu ersetzen? Sind Sie ihm zuliebe aus Ihrem Wesen hinausgeschlüpft und haben sich in jenes gehüllt, das er Ihnen gnädigerweise wie einen feinen Mantel hingehalten hat? Ist sein Wunder geschehen?

Vermutlich nicht. Vermutlich ärgern Sie sich lediglich über seine unerhörte Chuzpe, Sie ständig zu rügen und selbst nichts auf die Reihe zu bekommen. Und übersehen dabei, dass es Ihnen beiden vor allem an Selbstliebe mangelt.

Die Furcht vor der
eigenen Größe

*H*aben Sie sich gern?

Die meisten Menschen bejahen diese Frage wohl mit ehrlicher Überzeugung. Tatsächlich verfügen aber nur wenige von uns über einen gesunden und stabilen Selbstwert, während sich alle anderen entweder für makellose Überwesen halten, die für jeden Wimpernschlag Beifall verdienen, oder aber erschreckend streng, mithin gar ablehnend gegenüber sich selbst sind – was so häufig vorkommt, dass es der Regel entspricht.

Auch wenn wir behaupten, uns zu mögen und zu achten, machen wir uns und alle um uns herum immerfort schlecht und klein, ohne uns dessen gewahr zu sein. So haben wir es von unseren Eltern gelernt, die ihrerseits wiederum die traurige Tradition der Selbstniederhaltung von zu Hause mitgebracht haben: *Das Leben ist erbarmungslos, du bist ein Niemand, und wenn du es anders*

siehst, bist du ein naiver und unverschämter Nie-
mand.

So sprechen wir zu uns, und so sprechen wir zueinander: Ist einer selbstbewusst, nennen wir ihn arrogant, sagt er etwas Nettes über sich selbst, schimpfen wir ihn eingebildet, und äußert er einen ungewöhnlichen Berufswunsch, reden wir ihm diesen sofort aus, so wie wir uns selbst jeden Griff nach den Sternen untersagen und das für erwachsen und vernünftig halten.

Konsequenterweise lasten wir jedem Selbstsucht an, der sein eigenes Wohlbefinden ernst nimmt und sich trennt, weil er in seiner Beziehung *unglück-lich* gewesen ist. Einzig körperliche Gewalt lassen wir als Trennungsgrund gelten – und oft nicht mal die. Alle anderen Missstände sind uns eher Anlass zum Ausharren und Ringen als zum Gehen, da es in unseren Augen nobel ist, sich für den Erhalt einer Partnerschaft und der Familie bedingungs-los aufzuopfern – was im Grunde bedeutet, die eigenen Bedürfnisse bedingungslos zu ignorieren, ja sich am besten zu verbieten, überhaupt welche zu *haben*. Dies ist unser Begriff von Bescheiden-heit; so ducken wir uns durch unser Leben und glauben, dadurch gute und anständige Menschen zu sein und andernfalls jählings zu schlechten zu werden.

Aufgrund dieser eigenartigen, gleichsam religiösen Furcht vor der eigenen Größe und der Verantwortung dafür geben wir uns mit zu wenig zufrieden, lassen uns zu viel gefallen, muten uns zu viel zu, freuen uns über Selbstverständlichkeiten, als wären es himmlische Gaben, und erzeugen, in leidenschaftlicher Tateinheit mit anderen, die sich ebenso wenig respektieren, immer wieder Situationen, die uns in unseren finsteren Glaubenssätzen über die Liebe, das Glück und uns selbst bestätigen – wie auch in unserer Überzeugung, dass sich hinter alledem ein dunkles Schicksal verberge, dem nicht zu entrinnen sei.

Doch wer sagt, dass es grundsätzlich schlecht sei, an sich selbst zu denken?

Oder besonders tugendhaft, es nie zu tun?

Und was soll das bitte schön für eine Rücksicht sein, die den Rücksichtnehmenden ausschließt?

Wie lange muss jemand in einer destruktiven Beziehung ausgeharrt haben, bis ihm keiner mehr vorwirft, egoistisch und ungeduldig gewesen zu sein?

Wieso reicht sein Unglück in der aktuellen Form nicht als beglaubigter Leidensdruck? Warum muss es noch größer sein, damit er auf jedermanns Verständnis stößt? Und wie groß denn nun genau?

Man soll seinen seelischen Zustand nicht betrachten wie eine schmutzige Fensterscheibe, bei der es nicht mehr darauf ankommt, ob sie weitere drei Monate ungeputzt bleibt, denn er bildet das blanke Fundament der Existenz. Und wenn Ihre Beziehung Ihnen Kummer bereitet, so ist das kein unabänderliches Detail, mit dem Sie sich eben zu arrangieren haben, und schon gar keine spirituelle Duldsamkeitsübung, die Sie irgendwann ins Paradies emporheben wird, sondern ein ernsthaftes Problem. Denn für jeden Tag, an dem Sie es aufgrund diffuser Pflichtgefühle *zulassen, nicht glücklich zu sein*, geben Sie ein Stück Ihrer Würde und Selbstachtung her. Und dieser Preis ist zu hoch; was auch immer Sie dafür erhalten oder zu erhalten glauben.

Die Leidensfreiheit ist Ihr moralisches Grundrecht. Es steht Ihnen zu, ja, es ist Ihre Pflicht, ein Leben in Freude und möglichst frei von Schmerz zu verbringen und alle Schritte zu unternehmen, die erforderlich sind, um diesen Zustand herbeizuführen – also auch eine Beziehung zu beenden, in der Sie nicht glücklich sind, *und zwar allein aus diesem Grund*. Einen anderen werden Sie sowieso nicht finden.

Allerdings beurteilt, wer glaubt, Schmerz gehöre zwingend zum Leben, auch die Frage großzügig, wo er überhaupt beginne. Doch wie klein und schön Sie Ihre Drangsal auch immer reden: Es gibt jemanden, der Ihnen jederzeit sagen kann, wie es Ihnen wirklich geht.

Der heile Kern
schont Sie nicht

In Ihnen steckt, wie in jedem von uns, ein heiler, weiser Kern, der alles richtig sieht und Ihr Bestes will. Wie widersprüchlich, irrational oder selbstzerstörerisch Sie sich auch verhalten, der heile Kern bleibt stets heil. Er weiß, was wahr ist und was falsch und was Ihnen guttut und was nicht.

Daran erinnert er Sie immer wieder, denn wir bringen die Dinge gern durcheinander und empfinden das Dunkle, Schädliche, Unmögliche manchmal als verheißungsvoll. Unter Umständen erkennen wir darin sogar eine Errettungsaufgabe von höchster Wichtigkeit.

Wenn Sie sich also wieder mal den größten Bockmist als pures Gold verkaufen und Ihre Probleme zu deren eigener Lösung verklären, hören Sie in sich den heilen Kern, wie er zu Ihnen spricht:

Es tut dir nicht gut.
Hör auf damit.

Diese Dissonanz – etwas tun, das Sie ruiniert, und sich dessen vollauf bewusst sein – können Sie auf zwei Arten aus der Welt schaffen: Entweder Sie ändern ehrlicherweise Ihr Verhalten, was Ihnen einen vordergründig schmerzlichen Verzicht abverlangt, oder Sie erzählen sich selbst und Ihren Freunden einfach so lange, was Sie hören wollen, bis vorerst wieder Ruhe in Ihnen eingekehrt ist.

Meist wählen wir den wesentlich bequemeren zweiten Weg, zumal der heile Kern – wir nennen ihn auch die innere Stimme, den Instinkt oder das Bauchgefühl – weder besonders viel noch besonders laut spricht. Seine Stimme ist recht zart; die Worte der Hoffnung übertönen ihn mühelos und die der Geilheit sowieso.

Das kümmert den heilen Kern aber nicht. Er weiß um seine Gelegenheiten und wartet einfach geduldig auf die kommende; bis Sie etwa das nächste Mal mit dem Aufzug fahren und sich unvermittelt im Spiegel begegnen oder bis Sie die Autotür zugezogen haben und alles ganz still wird.

Dann, in diesen demaskierenden kleinen Momenten, meldet er sich wieder:

Es passt nicht.

Du bist nicht froh.

Der heile Kern schont Sie nicht. Er spricht stets die Wahrheit, und Sie hassen ihn dafür. Aber er ist der beste Freund, den Sie haben. Wenn Sie glücklich sein wollen, müssen Sie auf ihn hören und ihm vertrauen.

Aber vielleicht wollen Sie ja gar nicht glücklich sein.

Die makabre Vielfalt der
Beziehungsmotive

Immer wieder gehen wir unbesehen davon aus, dass die Empfindungen und Definitionen unserer Mitmenschen präzise unseren eigenen entsprechen. Besonders, was die Liebe anbelangt und deren Bühne, die Beziehung, glauben wir, alle vom Gleichen zu reden, das Gleiche anzustreben und auch anstreben zu müssen: Glück durch maximale Verschmelzung.

Doch wie bei der Sexualität, deren Bandbreite wir, wenn nicht tolerierend, so doch wenigstens als Tatsache anerkennen, gestalten sich die Vorlieben, Wünsche, Ängste und unbewussten Beweggründe auch bei Beziehungen höchst unterschiedlich. Und ob zwei Menschen zusammenpassen, entscheidet sich in erster Linie daran, ob ihre Vorstellungen der gemeinsamen Zeit übereinstimmen – und sie sich ihrer jeweiligen Ziele überhaupt bewusst sind. So suchen die einen tatsächlich einen Partner, mit dem sie alles teilen können: Bett, Heim, Freizeit, vielleicht sogar die Arbeit. Sie möchten ihn möglichst oft um sich herum wissen und sich auf jeder Ebene mit ihm verbinden, am liebsten für den Rest ihrer Tage. Die Beziehungsroutine, von anderen als öde empfunden, verleiht ihnen Halt und Geborgenheit, und nichts entzückt sie mehr als die Vorstellung eines stolzen Eigenheims, in dem mehrere hübsche Kinder spielen.

Dieses Partnerschaftsmodell ist das populärste und meistprobierte. Doch so mancher, der ihm genügen möchte, ist gar nicht dafür gemacht. Denn abgesehen davon, dass es für jeden von uns hilfreich ist, regelmäßig Zeit allein zu verbringen, um die Freundschaft zu sich selbst zu pflegen und eine gesunde Distanz zum Partner einzunehmen, benötigen viele ein hohes Maß an Eigenraum, da sie aus *diesem* ihre Kraft schöpfen. Man kommt umso besser mit ihnen aus, je deutlicher sie sich ihres Verlangens nach Einkehr bewusst und außerdem fähig sind, dieses zu artikulieren; so wie man überhaupt ein besseres Verhältnis hat zu Menschen, die wissen, was sie wollen und brauchen.

Andere wiederum trachten hauptsächlich nach kommunikativem und erotischem Austausch. Der Partnerschaftsalltag mit seinen profanen Aspekten ist für sie eher abschreckend, und es ist ihnen auch nicht unbedingt wichtig, ob ihr Verhältnis fest ist oder nicht. Sie möchten faszinierenden Menschen auf intimer Ebene begegnen und sehen darin stets ein Geschenk, auch wenn sie es nur für kurze Zeit in Händen halten.

Neben dem äußeren Rahmen, dessen Typologie hier keineswegs vollständig wiedergegeben ist, ist das persönliche Beziehungsideal auch, wenn nicht sogar hauptsächlich, vom inneren Antrieb geprägt, also der Frage, welche *emotionale Funktion* der Partner erfüllen soll. Deren Spektrum erstreckt sich in erstaunlich gespenstische Winkel. So leben viele im Glauben, es sei die Aufgabe eines Partners, ihnen die Einsamkeit zu vertreiben, jederzeit ihre Wünsche zu erspüren und auch gleich zu befriedigen und sie überhaupt *glücklich zu machen.* Ein mächtiger *Bedürftigkeitsdämon* flüstert ihnen unablässig ein, sie seien allein nicht lebensfähig und nur wertvoll, solange jemand seine Existenz vollständig in ihren Dienst stelle, und verwandelt sie in wahre Zornesflammen, wenn ihr Partner sich nicht exakt so verhält, wie sie es für ihn vorgesehen haben.

Sie bleiben allerdings selten lange allein. Unzählige emotionale Rettungssanitäter stehen für sie bereit, deren Selbstwert davon abhängt, dass sie gebraucht werden, und die eher an einem Privatpatienten interessiert sind als an einem Partner – nicht zuletzt, um stets jemanden in Rufweite zu haben, dem es noch mieser geht als ihnen selbst. Ihr Dämon ist der *Duld- und Schulddämon*, der ihnen immer wieder erklärt, sie seien grundschlecht und könnten nur gut werden, indem sie tonnenweise Schmerz schulterten.

Solche bösen Geister treten in Erscheinung, weil die Betroffenen im Kindesalter missachtet, misshandelt oder vernachlässigt worden sind und außerdem die seelische Not ihrer Eltern haben miterleben müssen, ohne etwas dagegen ausrichten zu können, was in ihnen die unheilvolle Überzeugung hat entstehen lassen, Schmerz sei ein Symptom des Lebens, vor allem des Zusammenlebens.

Je nachdem, was man von seinen Eltern zu hören bekommen und mit ihnen erlebt hat oder eben nicht, lauten die Glaubenssätze, mit denen man später durch sein eigenes Dasein stolpert, folgendermaßen:

Liebe tut weh.
Ich bin nur liebenswert, wenn andere mich zu ihrem Mittelpunkt machen.
Ich muss mich verausgaben, um wahrgenommen zu werden.

Ich bin schlecht und muss dafür bestraft wer-
den.
Ich muss Menschen kontrollieren, um mich
ihrer Liebe zu versichern.
Ich komme immer zu kurz.
Liebe bedeutet, dass mein Partner jederzeit
voll auf mich eingeht, und wenn er das einmal
nicht tut, liebt er mich nicht.
Ich genüge nicht.
Ich bin zu schwach, das Leben allein zu meis-
tern.
Es ist üblich zu leiden, und ich bin machtlos
dagegen.

Derartige Überzeugungen münden zwingend in einen schlechten Selbstwert und eine viel zu hohe Leidenstoleranz – den dualen Quell allen menschlichen Unheils. Vor allem aber führen sie zu einer fatalen Verknüpfung von Liebe und Schmerz, da sie im Zusammenleben mit Menschen gewachsen sind, denen man in gebürtiger Liebe zugeneigt ist. Die Destruktivität so vieler Beziehungen ist genau hierin begründet, denn wenn wir uns mit einem derart verkehrt beschrifteten Kompass aufmachen, Licht und Wärme zu finden, steuern wir jedes Mal in die Finsternis, um dort anderen in die Arme zu laufen, deren Seele in jungen Jahren ebenfalls schwere Schläge auszuhalten hatte und mit denen wir schließlich das Leid unserer Kindheit nachbilden – so lange, bis wir begreifen, dass wir genau dies tun und dass unsere Partnerwahl wohl die Stimme unseres Herzens spiegelt, aber noch viel mehr unsere Glaubenssätze.

Bis wir diese nicht enthüllt und durch bessere ausgetauscht haben – *Ich bin jederzeit liebenswert; mein Leben ist reich; Liebe tut gut* –, zielt unser Beziehungsmotiv und damit unser Beziehungsverhalten nicht auf eine gesunde Partnerschaft, sprich *Liebe*, sondern auf den Beweis für unsere insgeheim angenommene Abscheulichkeit, sprich *Schmerz*, und ist somit eine selbsterfüllende Prophezeiung. Dann führen wir uns so lange unmöglich auf, bis unser Partner sich tatsächlich von uns trennt, was uns darin bestätigt, dass es sowieso keiner mit uns aushalten könne, oder wir lassen uns auf Menschen ein, die sich nicht richtig zu uns bekennen oder nie zufrieden sind mit dem, was wir tun, weil wir fürchten, das Maximum an positiver Empfindung uns gegenüber bestehe in temporärer Sympathie. Oder wir halten uns an narzisstische Rüpel, die uns mit ihrer Respektlosigkeit immer wieder von Neuem aufzeigen, wie es um unsere Selbstachtung bestellt ist.

In irgendeiner Form wirken diese Kräfte in jedem von uns. Viele aber werden gänzlich von ihnen beherrscht und finden, der Beteuerung zum Trotz, nichts anderem hinterher zu sein als dem Glück, immer wieder neue Wege, Drama zu erleben. Haben sie gerade keinen Anlass, sich so misshandelt, gedemütigt, verraten, abgelehnt und alleingelassen zu fühlen, wie sie sich als Kind gefühlt haben, weil ja auch tatsächlich entsprechend mit ihnen umgesprungen worden ist, helfen sie geschickt nach: mit einem provozierten Streit, einem erfundenen Problem, einer paranoiden Interpretation, einer aufgeblähten Reaktion, einem absurden Vorwurf, einer larmoyanten Perspektive oder durch Unfälle aller Art. Hauptsache, es tut weh.

Die mentale Disziplin, mit der sie sich und ihren Mitmenschen das Leben schwermachen, ist beachtlich. Ihre Sicht-, Denk- und Sprechweise ist vollkommen auf das Drama und dessen größtmögliche Entfaltung ausgerichtet. Eine Mitverantwortung an ihrer Situation und an ihrem Befinden streiten sie allerdings konsequent ab; vielmehr stellen sie sich als Opfer ungünstiger Umstände dar, zu denen sie nicht das Geringste beigetragen haben wollen. Und natürlich als wehrlose Beute des sadistischen Geisteskranken an ihrer Seite.

So betrachtet passen all jene, die ihre Bestimmung darin gefunden haben, eigenes Unglück zu erdulden und fremdem zu assistieren, paradoxerweise *perfekt* zusammen. Denn wo lässt es sich – von einer Reihe unbehaglicher Orte auf diesem Planeten einmal abgesehen – gründlicher und umfassender leiden als im Drama einer nichtpassenden Beziehung? *Richtig* unglücklichen Paaren ist von einer Trennung nachgerade abzuraten, denn was bliebe ihnen danach; wo bekämen sie ihren geliebten Schmerz her? Wie sollen sie den Feierabend genießen, wenn keiner mehr da ist, der ihn verdirbt? Was sollen sie ihren Freunden noch erzählen, wenn ihre Misere erst mal ein Ende gefunden hat? Schließlich hat nichts höheren Unterhaltungswert als das Drama. Es ist immer wieder sensationell. Und vermittelt, weil es so schön berechenbar ist, mütterlichste Geborgenheit.

Allerdings lassen sich die Motive, die uns immer wieder in destruktive Konstellationen locken, erst innerhalb von diesen aufspüren, weswegen nichtpassende Beziehungen durchaus ihre Daseinsberechtigung, wenn nicht sogar Notwendigkeit haben: Sie dokumentieren schonungslos, was noch alles an Unerkanntem, Unbewältigtem und Ungeheiltem in Ihnen wirkt. Somit ist der nichtpassende Partner, der Ihnen vermeintlich von einem übellaunigen Gott ins Bett gelegt worden ist, um Sie zu malträtieren, nichts anderes als der gestrenge Lehrer, den Ihr heiler Kern berufen hat, um Sie in Selbstliebe zu unterrichten. Und die grundlegende Lektion hierbei besteht darin, der Selbstniederhaltung abzuschwören – und damit den nichtpassenden Partnern. Dem aktuellen wie allen möglichen künftigen.

Jede schlechte Partnerwahl
ist eine gute Lektion

Eine nichtpassende Beziehung ist die manifestierte Absicht Ihrer Seele, die will, dass Sie heilen, wachsen, sich entwickeln und Freundschaft mit sich selbst schließen. Nirgends lernen Sie mehr über Ihre Bedürfnisse als in einer Konstellation, in der diese unbefriedigt bleiben und sich dadurch umso heftiger bemerkbar machen: Wie sollen Sie herausfinden, was Ihre Seele *wirklich* braucht, wenn es ihr nie schmerzlich gefehlt hat? Wie sollen Sie herausfinden, was *wirklich nicht* zu Ihnen passt, wenn Sie nie erfolglos versucht haben, es zum Passen zu bringen?

Wir hegen unzählige Schimären, was die Liebe anbelangt, und nur die buchstäbliche *Ent-Täuschung* vermag sie uns auszutreiben und den grundlegenden Unterschied zwischen *Dieser Mensch gefällt mir* und *Dieser Mensch tut mir gut* zu verdeutlichen – was gewiss kein Gegensatz ist, aber eben auch keine Entsprechung. Außerdem treffen wir aufgrund der Resonanz, die zwischen allem wirkt, stets Menschen mit einem ähnlichen Maß an Selbstliebe und – aufgrund vergleichbarer Kindheitsverletzungen – ähnlichen Entwicklungsherausforderungen an, und wenn Sie sich auf jemanden einlassen, der mit sich selbst in Konflikt steht, ist allein dies ein Zeichen dafür, dass Sie es ebenfalls noch tun.

Doch nicht nur durch die negative Lernerfahrung – *erkennen, wie etwas sein muss, indem man erlebt, wie es nicht sein darf* – kommen Sie sich selbst näher. Auch die Kritik eines nichtpassenden Partners hilft Ihnen dabei, denn sie enthält bedeutsame Einsichten bezüglich Ihrer unbewältigten Defizite. Während Menschen, die zusammenpassen, eher selten Vorwürfe gegeneinander erheben, irritieren nichtpassende Partner einander naturgemäß *grundsätzlich*. Ihre Beziehung generiert in einem fort wechselseitige Kritik, und da die meisten Menschen nun einmal normal intelligent und durchaus befähigt sind, ihr Gegenüber realistisch einzuschätzen, treffen sie mit dem, was sie einander vorhalten, auch häufig ins Schwarze.

Diesen zwar unangenehmen, aber lehrreichen Blick in den Spiegel meiden wir üblicherweise. Wann erkundigen wir uns schon couragiert nach unseren Makeln; vor allem nach jenen, die wir selbst nicht erkennen? Sie kommen erst zur Sprache und damit ans Licht, wenn sich jemand darüber ärgert, der uns aus der Nähe betrachtet. Und es lohnt, sich diesen Ärger einmal genau anzuhören, anstatt ihn durch infantile Gegenkritik gleich wieder abzuwehren.

Dass die nichtpassende Beziehung Problemfelder und Entwicklungspotential aufzeigt, rechtfertigt jedoch keineswegs, sie langfristig zu führen. Sie darf nicht als Eliteakademie verstanden werden, die den Charakter vervollkommnet – so wenig, wie wir glauben dürfen, das Leben sci in jedem Fall bitter und Entwicklung nur unter Schmerzen möglich. Wenn die Lehre, die wir aus einer leidvollen Erfahrung ziehen, einzig besagt, dass weitere solche Erfahrungen erforderlich seien, um endlich Glück zu erlangen, unterliegen wir einem grundlegenden Missverständnis. Leid ist nicht der Preis für Glück und verwandelt sich auch nicht plötzlich in dieses. Wieso sollte es auch? Leid ist lediglich die Summe wiederholter schlechter Entscheidungen; und mit jemandem zusammenzubleiben, der Ihnen nicht guttut, weil er nicht zu Ihnen passt, ist genau dies: ein täglich repetierter Fehler.

Die Lehre aus solchen Erfahrungen soll vielmehr darin bestehen, dass wir unseren alten Verletzungen und problematischen Prägungen gegenübertreten, sie als solche annehmen, uns mit ihnen versöhnen und dadurch aufrichtiger und milder werden; mit uns selbst und anderen. Nichtpassende Beziehungen sind buchstäbliche Crashkurse, in denen wir so lange gegeneinander anrennen, bis wir begreifen, dass wir *wir selbst sein* dürfen, ja *müssen*, und uns nicht verbiegen und verraten und anlügen dürfen, bloß damit etwas, das uns schadet, in den nächsten Tag hinübergerettet werden kann.

Nichtpassende Beziehungen sind dazu da, Schmerz in Liebe zu verwandeln. Sie fordern uns auf, unsere Bedürfnisse wahr- und ernstzunehmen, denn wir leiden, wenn wir das nicht tun. Wir sind Menschen; wir können nicht aufhören zu empfinden und uns frei, geliebt und geborgen fühlen zu wollen. Deswegen ist jede schlechte Partnerwahl eine gute Lektion. Sie lehrt uns, dass wir uns gut fühlen *dürfen*.

Doch diese Lektion ist vollkommen wertlos, wenn Sie nicht den Mut finden, sich zu trennen. Verbleiben Sie in Ihrer nichtpassenden Beziehung, verkennen Sie deren Lernzweck und hören auf, Ihren inneren Gipfel zu erklimmen. Dann bleibt Ihnen nichts mehr, als abzuwarten, bis die Gleichförmigkeit Ihrer restlichen Tage an Ihnen vorbeigezogen ist, und dabei den müden Philosophen zu markieren, der davon schwätzt, dass es in jeder Beziehung *schwierige Phasen* gebe, man nicht *beim ersten Problem davonlaufen* und *halt nicht alles haben* könne.

Das ist wohl alles wahr. Aber es sind auch beliebte Ausreden für das Nichtpassen. Und auf dieses gibt es nur zwei sinnvolle Erwiderungen: erstens das *Lernen* und zweitens das *Weitergehen*. Das *Bleiben* indes ist kein Beleg für besonders ausgeprägte Liebesfähigkeit. Bloß für besonders ausgeprägte Leidensfähigkeit.

Kurze Bestandsaufnahme

Ihre spontane Antwort auf folgende Frage zeigt
Ihnen, wo Sie miteinander stehen:

Wie fühlen Sie sich in der Gegenwart Ihres Partners?

Fühlen Sie sich verstanden und respektiert?
Fühlen Sie sich geborgen?
Lachen Sie miteinander?
Gehen Sie pfleglich miteinander um?
Sind Sie ganz Sie selbst?
Fühlen Sie sich wohl?

Oder fühlen Sie sich unverstanden und abgelehnt?
Verspüren Sie Beklemmung?
Und fällt diese von Ihnen ab, sobald Ihr Partner
das Haus verlassen hat?
Ist der Umgangston lieblos, ja rüde?
Lassen Sie Ihrem Partner Dinge durchgehen, die
Sie sich von einem Freund nie gefallen lassen
würden?

Sind Sie nicht mehr Sie selbst?
Fühlen Sie sich unwohl?

Es geht nicht darum, wie Sie *für* jemanden empfinden. Es zählt einzig, wie Sie *mit* ihm empfinden; wie es Ihnen in seiner Nähe geht. Und falls Sie sich um Ihren Partner herum nicht gut und nicht leicht und nicht frei fühlen, sondern gehemmt und gestresst, dann passen Sie nicht zusammen, gehören nicht zusammen und sollten sich trennen. Gleich hier und jetzt!

Was Sie nun zurückschrecken lässt und Ihnen grausige Zukunftsvisionen einflößt, ist die *Trennungsangst*.

Was Ihnen einzureden versucht, es sei alles nur halb so schlimm und werde bald doppelt so gut, ist die *Hoffnung*.

Und was Ihnen versichert, es gebe eine Lösung, sie sei bloß noch nicht gründlich genug gesucht worden, ist der *Verstand*. Er ist es, dem Sie all die *könnte*, *würde*, *müsste* und *hätte* zu verdanken haben.

Ihnen stehen drei ausgesprochen raffinierte Gegner gegenüber, und jeder einzelne von ihnen ist in der Lage, Sie ein Leben lang am Weitergehen zu hindern. Doch sie haben alle eine gravierende Schwäche: Sobald Sie sie als das erkennen, was sie sind, und ihr Geschwätz nicht länger als die Wahrheit ansehen, verlieren sie ihre Macht und geben den Weg frei.

Und es wird der *Wille* sein, der Sie dazu veranlassen wird, auf diesem voranzuschreiten.

»Alles wird schlimm!«

Die Trennung hat ein denkbar schlechtes Renommee. Wir sehen darin ein Versagensdebakel, das einen jeglicher Freude und Sinnhaftigkeit beraubt und mitunter für Monate oder gar Jahre in düsteren Kummer hüllt. So haben wir es selbst schon erlebt, so haben wir es bei manchem Freund erlebt und vielleicht bei unseren Eltern. Dass das Ende einer Beziehung ein heilsamer, hilfreicher und vor allem notwendiger Befreiungsschlag sein kann, der uns an einen Ort katapultiert, wo es uns, nachdem wir uns von der harten Landung erholt haben, besser geht, weil wir stärker, ehrlicher und selbstbewusster geworden sind, schließen wir von vornherein aus. Stattdessen nehmen wir jede noch so absurde Befürchtung, die unser ewig zweifelnder Geist gebiert, als zuverlässigen Hinweis auf die künftige Realität entgegen, weswegen uns die *schrecklichstmögliche* Konsequenz der Trennung stets als die *einzig mögliche* erscheint.

Gewiss bringt eine Trennung eine Reihe unerfreulicher Pflichten und Veränderungen mit sich: Sie müssen sich zu einer Entscheidung durchringen, Ihren Partner damit konfrontieren, sich mit seinen Gefühlen auseinandersetzen, mit Ihren eigenen zurechtkommen, gegebenenfalls den gemeinsamen Haushalt auflösen, eine neue Wohnung finden, unter Umständen finanzielle Einbußen hinnehmen, Ihre Kinder, falls Sie welche haben, durch den Prozess begleiten, deren Betreuung neu organisieren und sich irgendwann auf die ungewisse Suche nach einem neuen Partner machen. Sie geben etwas auf, das Ihnen viel bedeutet hat, und wissen gleichzeitig nicht, wohin Ihr Weg Sie führen wird. Amüsant ist das alles nicht und die Scheu davor keineswegs verwunderlich.

Hinzu kommt, dass die Moral recht unliebsame Rollen verteilt, wenn eine Beziehung zu Ende gegangen ist: einerseits jene des bemitleidenswerten Opfers, dem eine Aura von Ausschussware anhaftet; andererseits jene des skrupellosen Täters, der augenscheinlich nie richtig geliebt hat und dem folglich nur in beschränktem Maß zugestanden wird, zu trauern: »Aber *du* hast doch Schluss gemacht?«, heißt es verblüfft, wenn derjenige, der die Trennung vollzogen hat, seinem Verlustschmerz Ausdruck verleiht – ein vermeintlicher Widerspruch, den wir ebenso wenig dulden wie jenen zwischen Liebe und Inkompatibilität.

Und nicht zuletzt herrscht bezüglich der Liebe so etwas wie ein Kastensystem, das die Zweisamkeit gegenüber der Einsamkeit grundsätzlich höher bewertet, ungeachtet der konkreten Ausformung, was dazu führt, dass selbst hochgradig destruktive Beziehungen, in denen beide Partner einander längst betrügen, als das kleinere Übel wahrgenommen werden, verglichen mit ihrem möglichen Ende. Eine Trennung gilt als schmählicher Abstieg in die niedere Personenstandskategorie, wo sich nach allgemeiner Auffassung die Gescheiterten versammeln, die Übriggebliebenen, die Unvollständigen, die sich denn auch unablässig von ihrem wohlmeinenden Umfeld aufgefordert sehen, etwas zu unternehmen, um einen Partner zu finden – und milde belächelt werden, wenn sie behaupten, auch ohne einen froh zu sein. Das mag ebenfalls kaum einer glauben.

So wie wir eine Trennung als Katastrophe betrachten, empfinden wir ihre Folge, das Alleinsein, als schweren persönlichen Mangel. Doch dieser phobische Konsens lässt Sie erstens übersehen, dass das Single-Dasein Ihnen ermöglicht, Unabhängigkeit und Selbstwert zu erlernen und Heilung zu erfahren, und beschert Ihnen zweitens ein brutal schlechtes Gewissen, kaum tragen Sie sich mit dem Gedanken, Ihre Beziehung zu beenden und Ihrem Partner damit – weil es sich ja angeblich um eine perfide und zerstörerische Tat handelt – etwas Schlimmes anzutun.

Dieses beschämte Zögern ist aber mindestens teilweise dem Unwillen geschuldet, das anstehende Trennungsgespräch zu führen und es auszuhalten, dabei eine unbeholfene Figur abzugeben. Um dieses Ereignis, das wohl noch nie in eleganter Form stattgefunden hat, seit Menschen sich voneinander verabschieden, lässt sich wochen- und monatelang herumlavieren, bloß weil es unangenehm ist, wobei die Frage, wen man dadurch schonen wolle, mit zunehmender Dauer die deutlichere Antwort findet.

Im Weiteren verleitet der zwanghafte Blick auf die befürchteten misslichen Folgen einer Trennung dazu, nicht nur die positiven außer Acht zu lassen, sondern auch die problematischen Auswirkungen der fortgesetzten Beziehung. So ist die Aussicht, Ihre Nächte für unbestimmte Zeit allein zu verbringen und gegebenenfalls Ihre Kinder seltener zu sehen, bei Licht besehen längst nicht so beklemmend wie die Alternative, auch künftig neben einem nichtpassenden Partner im Bett zu liegen und sich dadurch jeden Tag an Ihrer Seele zu vergehen – wie auch an jener Ihrer Kinder, indem Sie diesen zumuten, unter einem Dach mit zwei schwermütigen Wracks zu leben.

Weil Kinder klein sind, sind wir geneigt zu glauben, sie seien *in jeder Hinsicht klein*, also zu beschränkt, um Missstimmung im vollen Ausmaß als solche zu erkennen und entsprechend darunter zu leiden. Doch sie sind nur klein, nicht dumm, im Gegenteil: Die Scheinheiligkeit, die Erwachsene sich im Verlauf der Zeit angeeignet haben, um sich durch ihr Leben zu schummeln, namentlich durch ihre Beziehungen, ist ihnen fremd. Aufgrund ihrer unverfälschten Sensibilität erfassen sie den Schmerz ihrer Eltern unmittelbar und leiden immens darunter, weil Kinder nichts mehr wollen, als dass es ihren Eltern gutgeht.

Trotzdem sind wir überzeugt, es sei für sie am besten, wenn sie in einer sogenannt *intakten* Familie aufwachsen. Damit meinen wir aber nicht den – ohnehin meist sträflich geringgeschätzten – psychischen Sinn, sondern ausschließlich den strukturellen, dem wir unbeirrt förderliche Effekte zuschreiben und der viele Eltern, die zur Einsicht gelangt sind, dass sie nicht zusammenpassen, zuweilen jahrelang von der Trennung abhält: Sie blieben, verkünden sie tapfer, *wegen der Kinder* zusammen. Als würden sie diesen damit einen wertvollen Dienst erweisen.

Tatsächlich nehmen sie damit nur Rücksicht auf sich selbst. Denn ein Elternhaus, in dem unablässig gezankt und gelitten, aber stets so getan worden ist, als wäre alles in bester Ordnung, verlässt man nicht gefestigt und voller Zuversicht, sondern verstört, misstrauisch und voller verhängnisvoller Überzeugungen, um schließlich den Schmerz seiner Eltern zu reproduzieren. Das ist an und für sich logisch, wird aber flächendeckend missachtet – wie so vieles, das uns eigentlich zum Handeln nötigen, damit aber etwas abverlangen würde, das wir nicht herzugeben bereit sind. In diesem Fall sind das die Annehmlichkeiten, die auch eine nichtpassende Beziehung zu bieten vermag, also körperliche und emotionale Nähe, oder zumindest die hoffnungsvolle Erinnerung daran, sowie den behaglichen Verzicht darauf, die Strapazen einer Trennung auf sich zu nehmen und sich einer veränderten Wirklichkeit auszusetzen, die es einem nicht länger erlaubt, in einen fremden Abgrund hinabzuschimpfen, bloß um nicht in seinen eigenen blicken und sich mit dem Unrat beschäftigen zu müssen, der dort unten herummodert.

Restlos alles, was wir tun beziehungsweise unterlassen, beschert uns einen persönlichen Gewinn, der uns aber meist nicht bewusst ist und überdies selten nobel. Wer mit einem nichtpassenden Partner zusammenbleibt, kann noch so lange den vermeintlich hehren Kampf um die Liebe und das Wohlergehen seiner Kinder geltend machen – er ist einzig am Komfort interessiert: am Komfort, alles beim Alten belassen zu können, vor allem seine Ansichten und sein Verhalten; am Komfort, sich nicht in die Einsamkeit begeben zu müssen; am Komfort, seinen Lebensstandard nicht schmälern zu müssen; am Komfort, von niemandem vorwurfsvoll angeschaut zu werden, weil er *seine Familie zerstört* hat, und am Komfort, sich nicht mit den dubiosen Kräften und Motiven auseinandersetzen zu müssen, die ihn so lange in einer schädlichen Situation haben ausharren lassen.

Egoistisch und feige ist somit nicht, wer sich trennt – sondern wer es *nicht* tut, obwohl er es möchte und müsste. Und gute Eltern sind nicht solche, die um jeden Preis zusammenbleiben, sondern jene, die ihre Kinder davon verschonen, in bedrückender, aggressionsgeladener und energievernichtender Stimmung aufzuwachsen.

Egoistisch und feige ist auch die Idee, eine Trennung sei für ein Kind auf jeden Fall eine extrem traumatische Erfahrung und somit unbedingt zu vermeiden. Hierbei handelt es sich um nichts anderes als die Projektion eigener Furcht sowie um das erahnte Unvermögen, sich auf anständige und konstruktive Weise voneinander zu trennen. Die Frage, was das Beste sei für die Kinder, wird auch hier rundheraus damit beantwortet, was das Angenehmste sei für einen selbst. Doch Ihre elterliche Vorbildfunktion endet nicht bei Moral und Manieren; sie umfasst auch Ihren seelischen Zustand. Ihre Kinder werden Ihre Trennung deshalb nur dann als bodenloses Drama erleben, wenn *Sie* es tun. Bemühen Sie sich hingegen um Sachlichkeit und bewerten diesen Schritt als zwar anspruchsvoll und unerfreulich, aber im Grunde natürlich, werden Ihre Kinder ihm entsprechend begegnen können.

Vor diesem vielschichtigen Hintergrund ist die Angst vor der Trennung zwar begründet, aber nicht berechtigt. Sie zerrt den Fokus von Ihren echten heutigen Problemen auf mutmaßliche künftige und hat nur eine Funktion: Ihnen Argumente dafür zu liefern, nichts ändern zu müssen.

Ja, es wird anstrengend werden.

Ja, es wird wehtun.

Ja, Sie werden traurig sein.

Ja, Ihre Kinder werden traurig sein.

Aber ist das nicht alles schon längst so?

Und wird es nicht nur immer schlimmer?

Sollte es nicht endlich ein Ende finden?

Sollte es nicht anders sein?

Und glauben Sie ernsthaft, Ihre Kinder bekämen Ihren Schmerz nicht mit? Und die Gaunerei, mit der Sie diesen verhüllen? Glauben Sie wirklich, Ihr aktuelles Verhalten werde das spätere Leben Ihrer Kinder nicht beeinflussen?

Was Kinder brauchen, sind zwei Elternteile, die in ihrer Kraft stehen und ein zufriedenes, wahrhaftiges Leben führen. Dass diese dafür ein Paar sein müssen, steht nirgends geschrieben.

Sie können also weiterhin ehrfurchtsvoll um die Trennung herumschleichen, sie als *schwierig* bezeichnen und sich darüber wundern, dass die Angst davor immer größer wird – oder Sie können mitten durch sie hindurchschreiten. Das braucht Mut, und Sie haben ihn nicht. Aber Mut ist nicht die Voraussetzung, um Angst zu bezwingen, sondern der Lohn davon. Das gilt auch für die Kraft, die Ihnen jetzt fehlt, was nur daran liegt, dass Sie sie für Ihre militanten Rechtfertigungen verfeuert haben. Sie kehrt erst zurück, nachdem Sie den kräfteraubenden Umständen ein Ende gesetzt haben.

So gesehen werden Sie nie bereit sein für eine Trennung. Der Moment, in dem Sie von diesem Schritt restlos überzeugt sind und ihn sozusagen beiläufig vollziehen können, wird nie kommen. Sie werden immer wanken und immer zweifeln. Das liegt in der Natur der Trennung von einem Menschen, dem Sie verbunden sind. Was haben Sie denn erwartet?

Fragen Sie sich nicht länger, wie groß wohl der Schaden ausfallen werde, falls Sie gehen. Erstens kommt es sowieso anders, als Sie fürchten, und zweitens bekommen Sie Ihr Wohlbefinden nicht gratis zurück.

Fragen Sie sich lieber, warum Sie *wirklich* bleiben wollen und was der *tatsächliche* Preis dafür ist. Und wer ihn *wirklich* bezahlen muss – jetzt und später.

»Alles wird gut!«

Angesichts Ihres Kummers mag die Zuneigung schon reichlich ausgebleicht sein, die Sie einst mit Ihrem nichtpassenden Partner zusammengeführt hat, aber verschwinden wird sie nie; genauso wenig wie Ihr Wunsch, glücklich zu sein. Und obschon Ihr heiler Kern Sie schon tausend Mal darauf hingewiesen hat, dass es geboten sei, getrennte Wege zu gehen, verfallen Sie doch immer wieder in treuherzige Zuversicht und deuten zwei aufeinanderfolgende Abende, an denen Sie vor lauter Erschöpfung nicht miteinander gestritten haben, freudig zum Beleg um, dass nun all Ihre Probleme gelöst seien. Dann reicht ein lustiger Kommentar oder eine zärtliche Berührung, um Ihre Trennungsphantasien über den Haufen zu werfen und sich dafür zu schämen, jemals welche gehegt zu haben. Sie *hoffen*, nun werde alles gut.

Mit der Hoffnung verhält es sich allerdings so, dass sie deshalb zuletzt stirbt, weil sie sogar die Dummheit überlebt. Sie redet Ihnen mit billigsten Flunkereien die Katastrophe schön und behauptet, diese werde sich schon bald und auch ganz von allein in ihr Gegenteil verwandeln; Sie brauchten nichts dafür zu unternehmen, erst recht nichts Missliebiges.

Dank der Hoffnung wähnen Sie sich stets vor dem wendebringenden Mirakel, obwohl nichts auf dessen Eintreffen hinweist und alles auf sein Ausbleiben, und sind damit nicht besser als ein bezechter Kartenspieler im Morgengrauen, der bereits Unsummen verpokert hat, aber ein weiteres Mal zum Geldautomaten rennt, in der irrwitzigen Überzeugung, nach so viel vergeblichem Einsatz müsse unweigerlich ein alles aufwiegender Gewinn erfolgen.

Die Hoffnung erzählt Ihnen immer exakt das, was Sie hören wollen. Sie dient bloß dazu, Ihr Leiden erträglich zu machen, und ändert an diesem so viel wie das Morphin an der Geschwulst. Hoffnung ist emotionale Palliativmedizin.

Doch wie von jedem Betäubungsmittel kann man auch von der Hoffnung abhängig werden und sie gar überdosieren. Dann heiraten die Menschen, machen ein zweites Kind und kaufen ein Haus, weil sie *hoffen*, dass sich dadurch die untaugliche Grundlage ihrer Beziehung ändern werde und dass sie ihrem heilen Kern, diesem Schandmaul, zeigen können, was wahre Liebe ist.

Allein, der heile Kern wäre nicht heil, würde er sich von solchen Gesten beeindrucken lassen. Wenn er schweigt, dann vor Entsetzen, aber er schweigt nie lange. Bald erhebt er wieder seine Stimme, wenn Sie nachdenklich unter der Dusche stehen oder im Bett liegen und nicht einschlafen können: *Du warst unglücklich liiert – jetzt bist du eben unglücklich verheiratet.* Oder: *Ein weiteres Kind erhöht bloß die Anzahl der Leidtragenden.*

Dem entgegnet die Hoffnung in alter Fröhlichkeit: *Falsch! Alles wird gut! Morgen! Spätestens nächste Woche!*

Die Erklärung, warum auf einmal alles anders sein soll, bleibt sie grundsätzlich schuldig – allerdings kann sie auch darauf zählen, dass nie einer nachfragt. Sie hat den Charme eines Populisten, und ihr Erfolg baut ebenso wenig auf Fakten. Der Erfolg von Beziehungen hingegen schon, und eines Tages, er liegt nicht fern, werden Sie alt sein und sich damit anfreunden müssen, dass Sie den ganzen Ärger nur ausgehalten haben, weil Sie sich immer wieder von Neuem haben überzeugen können, er finde in unmittelbarer Zukunft ein Ende. Hätten Sie jedoch die Gewissheit gehabt, dass Ihre Schwierigkeiten gar nicht zu überwinden sind, hätten Sie es nie zugelassen, ein Leben in Kleinmut und weit unterhalb Ihrer Möglichkeiten zu führen.

Keine Sorge, so weit wird es nicht kommen!, ruft die Hoffnung listig. Sie ruft es von dort, wo es genau so weit gekommen sein wird.

»Könnte ja sein!«

*W*arum *klappt es nicht? Und was müssen wir unternehmen, damit es klappt?*
Pausenlos umkreist Ihr Verstand Ihre nichtpassende Beziehung und sucht nach der mutmaßlichen Störung und nach möglichen Wegen, diese zu beheben. Die Inkompatibilität haben Sie als Ursache ausgeschlossen, die Trennung als Lösung vorläufig auch, weswegen Sie nach anderen, angenehmeren Erklärungen und Heilmethoden fahnden.

Zu einem brauchbaren Ergebnis kommen Sie dabei jedoch nie. Der Intellekt kann zwar rasant Situationen analysieren, Auswege erarbeiten und deren Vor- und Nachteile abwägen, aber er lässt dabei kein vernünftiges Maß walten, sondern dringt, einem manischen Maulwurf gleich, immer tiefer in die Materie ein, um immer mehr Für und Wider ans Tageslicht zu befördern und die Balance immer feiner zu tarieren, bis schließlich jede Option als exakt gleich sinnvoll erscheint und eine Entscheidung – ein Ende der inneren Spaltung also – nicht mehr vorstellbar und damit auch nicht mehr möglich ist.

Darauf, einen Entschluss zu fassen, ist der Verstand allerdings auch gar nicht ausgelegt. Seine Kompetenz besteht lediglich in der Vorarbeit dafür; in der akribischen Auflistung aller Möglichkeiten, ohne diese nach Sinnhaftigkeit, Realismus oder gar dem Einklang mit der Seele zu ordnen. Er forscht, solange man ihn forschen lässt, was zum verhängnisvollen Glauben verleitet, unbeschränkte Forschung sei in jedem Fall zweckmäßig – ein Standpunkt, dem manche Labormaus energisch widersprechen würde.

Außerdem, und darin liegt seine noch größere Schwäche, ist der Intellekt vollkommen arglos. Alles, was er hört, liest oder sich selbst ausdenkt, hält er für wahr oder zumindest für wahrscheinlich, solange es nicht endgültig widerlegt ist. *Könnte ja sein!*, sagt er. Er sagt das zu so ziemlich allem, und je abenteuerlicher ein Gedanke, umso hingerissener ist er von ihm und sich selbst, was auch den Erfolg von Verschwörungstheorien erklärt: *Könnte ja sein*, dass die Amerikaner die Anschläge vom 11. September tatsächlich selbst durchgeführt haben! *Könnte ja sein*, dass die Familie Rothschild tatsächlich alle Nationalbanken der Welt unterwandert hat!

So sieht der Verstand es auch als schweren Fehler an, *schon nach einem Jahr alles hinzuwerfen*, ungeachtet dessen, dass diese Spanne nur von Zerwürfnis und Missverständnis geprägt gewesen ist – *könnte ja sein*, dass sich auf einmal alles ändert! Es erscheint ihm auch als plausibel, es mit dem nichtpassenden Partner *noch einmal zu probieren*, selbst wenn die zehn vorangegangenen Versuche schon gescheitert sind – *könnte ja sein*, dass man sich erst noch besser kennenlernen muss!

Nichtpassende Paare verbringen ihre Abende in der Folge gern damit, einander mit einleuchtenden Gedankengängen zu martern und immer neue Strategien zur Rettung ihrer unrettbaren Beziehung zu entwickeln. Und weil es formal immerhin Strategien sind und ihre Urheber nicht offiziell debil, erscheinen die ersonnenen Erklärungsmodelle und Lösungswege als tauglich und drängen sich vor die banale Tatsache, *dass es eben nicht passt* – und dass ein Menschenleben niemals ausreicht, um die unzähligen Konzepte zu prüfen, die der Verstand serviert. Denn welches zuerst? Und welches Kriterium kennzeichnet den Erfolg? Und deutet dessen Ausbleiben auf eine falsche Methode hin oder bloß auf falsche Anwendung? Eine Frage führt zur nächsten. Aus jeder Hypothese werden zwei. Antworten gibt es keine.

Doch anstatt Ihren geschwätzigen und bemerkenswert kopflosen Verstand zum Schweigen zu bringen und in aller Stille auf Ihren heilen Kern zu hören, der genau weiß, was zu tun und vor allem was zu unterlassen ist, erliegen Sie immer mehr dem Glauben, einem besonders verzwickten Rätsel auf der Spur zu sein, dessen Lösung Ihnen Frieden und Liebe bringen wird. Dass Sie es noch nicht gemeistert haben, betrachten Sie als Beweis dafür, dass es überhaupt existiert, sowie als Indiz, dass Sie noch nicht fleißig genug ermittelt haben.

Bedaure, da ist kein Rätsel, seufzt der heile Kern.

Doch! Und ich kann es lösen, ich bin so klug!, entgegnet der Verstand.

Schmonzes, sagt der heile Kern, *wenn es nicht passt, passt es auch unter deinem Mikroskop nicht.*

Aber, ruft der Verstand, der es schafft, dieses Wort in jedem zweiten Satz unterzubringen, *aber wir kennen noch nicht alle Fakten! Es gibt noch offene Fragen!*

Im Hintergrund singt die Hoffnung derweil sirenenhaft davon, wie nahe das Paradies schon sei.

Sosehr Sie ihn auch bemühen und sosehr Sie ihm auch zutrauen, Ihnen helfen zu können – der Verstand ist nicht qualifiziert, die Frage zu klären, ob Ihre Beziehung weitergeführt oder beendet werden soll. Er ist nicht urteilsfähig – wie ein Feldherr, der von einer Anhöhe herab das Geschehen auf dem Schlachtfeld beobachtet und sich immer neue Taktiken ausdenkt, aber seinen Truppen nie einen Befehl erteilt und zusehen muss, wie sie völlig planlos auf die Schwierigkeiten reagieren und dabei aufgerieben werden. Deshalb muss das Kommando dem Willen übertragen werden.

Der Wille wartet
nicht auf Besserung

Es herrscht ein gewaltiges Durcheinander.
Ihre leidende Seele fleht um Erlösung, aber die Angst warnt aufgeregt vor der Trennung und zeichnet Ihr Leben danach in den düstersten Farben.

Ihr Herz liebt immer weiter, weil es nicht anders kann, gibt aber damit der Hoffnung Anlass, mit haufenweise künstlichen Rosen um sich zu werfen.

Ihr Verstand macht Sie immer wieder glauben, er stehe kurz davor, einen Ausweg aus Ihren Beziehungsproblemen zu finden, obschon Ihr heiler Kern Ihnen längst klargemacht hat, dass Ihre Beziehung selbst das Problem ist.

Daneben doziert die herrschende Moral unter einem strengen Schnurrbart hervor, was *man* in Liebes- und Familiendingen zu tun und zu lassen habe, während das eitle Ego um jeden Preis triumphieren will. Egal worum es geht und was der Sieg Ihnen abverlangen wird – die Aussicht darauf, *doch noch* recht zu bekommen und Ihren nichtpassenden Partner *doch noch* dazu zu bringen, mit den Dingen aufzuhören, die Ihnen nicht passen, ist einfach zu verlockend.

Und immer wieder raunt Ihnen irgendein Teufel ins Ohr, Sie seien ein Stück Dreck, und es geschehe Ihnen nur recht, wenn Sie litten.

Alles redet wild durcheinander. Sie sind *hin- und hergerissen* und können nicht einmal mehr sagen, zwischen was und was. So wird es auch bleiben, solange Sie nicht vernünftig werden und – entgegen der Stimme Ihres Herzens, der zu folgen eben nicht immer die beste Idee ist – kraft Ihres Willens endlich zerschlagen, was nicht länger bestehen darf, *weil es Ihnen nicht guttut.*

Der Wille wartet nicht auf Besserung – er führt sie herbei.

Er wartet nicht auf einen guten Moment dafür – er bestimmt den jetzigen dazu.

Er wartet nicht darauf, dass Ihre Zweifel sich legen – er marschiert mitten durch sie hindurch.

Er weiß, dass der schwierige Weg meistens der richtige ist – was ihm die Kraft und die Zuversicht verleiht, ihn zu beschreiten.

Der Wille ignoriert die unablässigen Einflüsterungen von allen Seiten, die Sie nur am Weitergehen und am Wachsen hindern wollen, und bricht auf ins Ungewisse. Er *will* sein Ziel erreichen und nimmt dafür alles in Kauf. So hat der portugiesische Seefahrer Ferdinand Magellan die Wasserstraße vom Atlantischen zum Pazifischen Ozean gefunden, so ist der Italiener Christoph Kolumbus nach Amerika gelangt, und so werden Sie eine Wirklichkeit betreten, in der Sie voller Freude Sie selbst sein können.

Wir alle wollen das – *wir selbst sein.* Und wie die großen Entdecker muss jeder von uns dafür Unsicherheit, Entbehrungen und Verluste auf sich nehmen. Das hingegen wollen Sie nicht? Kein Problem, Sie müssen nicht. Niemand hat Sie gezwungen, Ihr Leben mit einem nichtpassenden Partner zu verbringen, und genauso wenig sind Sie verpflichtet, eine Trennung und deren Konsequenzen auf sich zu nehmen. Jede Beziehung hat Vor- und Nachteile, ihr Ende ebenso, und was für Sie überwiegt, liegt allein in Ihrem Ermessen. Manch einem ist es lieber, zu zweit unglücklich zu sein in einem luxuriösen Haus als glücklich allein in einer einfachen kleinen Wohnung; der andere zieht es vor, seine Kinder jeden Tag zu sehen, auch wenn diese ihrerseits in ein zerquältes Elterngesicht blicken müssen, und der dritte gibt sich mit dem, was er hat, vor allem deshalb zufrieden, weil er überzeugt ist, ansonsten für immer mit leeren Händen dazustehen. Das bringt zwar auch alles Unsicherheit, Entbehrung und Verlust mit sich, aber halt an anderer, offenbar als weniger schmerzhaft bewerteter Stelle.

Sie entscheiden, was Ihnen wichtig ist, worauf Sie also Ihren Willen ausrichten und welche Realität Sie damit manifestieren. Solange Sie mit Ihrem Partner zusammen sind, *wollen* Sie mit ihm zusammen sein, auch wenn Sie sich unentwegt über ihn ärgern – in diesem Fall ist Verdruss eben ein Teil Ihres Beziehungsmotivs. Und die Frage nach den Gründen hierfür ist die weitaus interessantere als jene, weshalb Ihr Partner eine derart lästige Gestalt sei und wie sich sein Wesen perfektionieren lasse.

Doch die passiven Entscheidungen, die wir jeden Tag treffen und die dazu führen, dass wir *weiterhin* schlecht essen, *weiterhin* zu viel trinken, *weiterhin* unseren ungeliebten Beruf ausüben und *weiterhin* mit unserem nichtpassenden Partner zusammenbleiben, sind uns meist gar nicht als Äußerungen unseres Willens bewusst. Wir haben einzig ihre Kostenfolge im Blick – unsere körperlichen und seelischen Beschwerden – und beklagen uns lauthals über diese. Das lenkt jedoch nur vom Nutzen ab, den wir aus unseren Entscheidungen ziehen und der eben keineswegs immer gedeihlich ist, sondern auch den destruktiven Kräften in uns *nützt*, indem er uns davon abhält, uns zu entwickeln, zu wachsen, uns selbst anzunehmen und glücklich zu sein, also zu jenem Zustand zurückzukehren, in dem wir zur Welt gekommen sind: als kleine heile Kerne mit einem klaren, gesunden Bewusstsein für unsere Gefühle und Bedürfnisse.

Dieses Wissen kommt uns aber schon bald abhanden, weil unsere Eltern es uns ausreden und austreiben, indem sie uns ihr Leid als harmlosen Normalfall vorleben; weil wir in der Schule zurechtgestutzt werden und weil Moral und Religion nur wenig Verständnis aufbringen für persönliche Authentizität. Durch diese Verfälschungen aus allen Richtungen gesellt sich zu unserem heilen Kern eine unheile Kraft, die uns regelmäßig dazu bringt, Entscheidungen zu fällen, die immer neues Drama in unser Leben einladen. Das ist es, zwischen dem Sie tatsächlich hin- und hergerissen sind: zwischen Ihrer Seele, die Ihnen Gutes *will*, und Ihrer Konditionierung, die Sie seit Ihrer Kindheit glauben macht, Ihnen stünde das Gute nicht zu oder Sie hätten gar Pech verdient, und die Sie überhaupt in diese Situation manövriert hat und nun jeden Tag den Beweis für Ihre alte Befürchtung erbringt, dass Sie nicht liebenswert seien.

Also, was wollen Sie? Liebe oder Schmerz?

Die Antwort finden Sie in dem, was Sie mit Ihrem derzeitigen Partner erleben oder dem letzten erlebt haben.

Hören Sie auf, Schmerz zu wollen und ihn Liebe zu nennen, und fangen Sie an, Liebe zu wollen.

Falls Sie weiterhin Schmerz wollen, ist das übrigens vollkommen in Ordnung. Dann sollten Sie unbedingt in Ihrer nichtpassenden Beziehung verbleiben; sie ist der beste Ort dafür. Allerdings sollten Sie sich auch nicht mehr über Ihren Partner beschweren und ihn dann doch wieder verteidigen, sobald Ihre Freunde Sie auffordern, sich zu trennen, sondern offen dazu stehen, dass Sie sich kein bisschen respektieren, dass Ihr seelisches Befinden Ihnen vollkommen egal ist und dass Sie im Drama Ihre Heimat gefunden haben.

Möglicherweise hilft Ihnen dieses Bekenntnis ja, es sich noch einmal zu überlegen.

Nur die Trennung
wird es zeigen

Was Ihre Befürchtungen gegenüber der Zukunft nach der Trennung anbelangt, wird erst diese zeigen, ob sie wahr sind – oder eben nur befürchtet. Erst wenn Sie die Trennung vollziehen, erfahren Sie, wie dieser Schritt Ihr inneres und äußeres Leben verändern wird und in welchem Maße diese Veränderungen Ihren Vorstellungen entsprechen.

Wird wirklich alles so schlimm, wie Sie es zu ahnen glauben?

Werden Sie Ihren Partner wirklich so arg vermissen?

Werden Sie wirklich etwas aufgeben, wofür weiter einzustehen sich gelohnt hätte?

Werden Sie wirklich unglücklicher sein als jetzt?

Werden Sie wirklich nie mehr jemanden so lieben können?

Nur die Trennung wird es zeigen.

Irgendwann muss des Abwägens genug sein. Irgendwann müssen Sie akzeptieren, dass Ihre Lösungsversuche allesamt gescheitert sind und das Ausharren selbst zum Problem geworden ist. Und dass Ihre Befürchtungen keine hellsichtigen Einblicke in die kommende Wirklichkeit sind, sondern ein Ausdruck Ihres seelischen und geistigen Zustandes.

Einzig die Trennung selbst wird zeigen, ob sie die richtige Entscheidung gewesen ist. Die hohe Anzahl von Trennungen, die Trennungen geblieben sind, weist immerhin darauf hin, dass praktisch alle Getrennten ihre neue Realität der früheren vorziehen, weil sie zwar etwas verloren haben, aber auch viel gewonnen: Lebensfreude, Kraft, Vertrauen, Zuversicht und möglicherweise sogar einen Partner, der diesen Namen auch verdient.

Vielleicht ist dieser
Tag ja heute

Vielleicht sagt Ihnen ein guter Freund, Sie seien ein Trottel und verschwendeten Ihr Leben. Freunde tun so was.

Vielleicht erleben Sie mit einem bisher unbekannten Menschen in einer Stunde mehr Vertrautheit und Freude als mit Ihrem Partner in einem Jahr und erwachen dadurch aus Ihrer Erstarrung.

Vielleicht tut Ihr Partner etwas derart Verletzendes, dass Ihre naive Duldsamkeit ein natürliches Ende findet.

Vielleicht braucht es einen Arzt, um Ihnen klarzumachen, dass etwas nicht in Ordnung ist.

Vielleicht ist heute aber auch einfach einer jener Tage, an denen Sie mit sonderbar klarem Geist erwacht sind und nicht länger überlegen, was *sein könnte*, sondern deutlich sehen, was *ist*, und sich gestatten, das ewige Beschönigen und Relativieren einzustellen. Sie sagen damit sowieso nur das Gegenteil.

Was auch immer dazu führt: Eines Tages werden Sie die Streitgespräche mit Ihrem nichtpassenden Partner *willentlich* abbrechen. Weil Sie einsehen, dass diese den Zweck verfehlen, Verständigung, Einigung und Erlösung vom Schmerz herbeizuführen, und dass all dies nur noch durch ein ehrliches Gespräch darüber erzielt werden kann, dass Sie nicht zusammenpassen, einander nicht guttun und einander nur noch zurückhalten.

Und vielleicht ist dieser Tag ja heute.

Eine Trennung
ist ein Kompliment

Öffnen Sie eine Flasche Prosecco, schließlich gibt es etwas zu feiern, nämlich Ihre Genesung von langer seelischer Krankheit. Setzen Sie sich zusammen an den Tisch und stellen Sie einander diese beiden Fragen:

Findest du, dass wir zusammenpassen? Hier und jetzt?

Findest du, dass wir einander guttun? Hier und jetzt?

Es ist nicht erlaubt, mit *ja, aber* zu antworten.

Es ist nicht erlaubt, mit *eigentlich* zu antworten.

Es ist erlaubt, mit *nein* zu antworten, und es ist keine Beleidigung, sondern im Gegenteil ein Zeichen von Achtung, denn Sie erkennen damit an, dass Ihr Partner so sein darf, wie er *ist*.

Die Behauptung hingegen, jemand passe zu Ihnen, wenn er es unübersehbar nicht tut, ist eine Heuchelei und außerdem eine Form von Psychoterror, denn sie nimmt diesen Menschen in die ekelhafte Pflicht, Ihnen zu gefallen. Das unbegründete *Wir passen zusammen* heißt doch nichts anderes als: *Du hast mir zu passen.* Entbinden Sie Ihren Partner von dieser Aufgabe, bedeutet dies, dass Sie ihn ernst nehmen; auch wenn Sie ihn dadurch verlieren.

Eine Trennung ist in ihrem Wesen ein Kompliment. Sie besagt, dass Ihr Partner etwas Besseres verdient hat als Nichtpassen und Herzenspein.

Stellen Sie die Frage auch Ihren Eltern und Ihren Freunden:

Findet ihr, dass wir zusammenpassen?

Findet ihr, dass wir einander guttun?

Keiner wird es so sehen, und falls doch, werden Sie diese Schwindelei sofort erkennen. Warum erkennen Sie Ihre eigene nicht?

Stellen Sie sich schließlich selbst gnadenlos zur Rede:

Passen wir zusammen?

Tun wir einander gut?

Würde ich mit meinem Partner, wären wir noch kein Paar, hier und jetzt eine Beziehung eingehen wollen – nun, da ich ihn kenne?

Will ich die nächsten Jahre und vielleicht bis zum

Ende mit diesem Menschen zusammen sein, selbst wenn er genau so bleibt, wie er heute ist?

Eine Beziehung muss sich aus der Gegenwart ergeben und aus der Wirklichkeit, nicht aus Nostalgie und hoffnungsfroher Spekulation. Das gilt auch für Freundschaften: Bloß weil Sie jemanden schon lange kennen, gebietet das nicht, ihn weiterhin in Ihrem Leben mitzuführen. *Hier und jetzt*, mit allen Erfahrungen, die Sie mit diesem Menschen gemacht haben – das ist das Entscheidungskriterium für die Frage, ob Sie zusammenpassen.

Ein *Ja* fühlt sich im ersten Moment wahrscheinlich besser an als ein *Nein*, denn das *Nein* ist eine dringliche Handlungsaufforderung. Sie können nicht mit Ihrem Partner zusammenbleiben, nachdem Sie sich eingestanden haben, dass Sie nicht zusammenpassen – nach diesem Bekenntnis ist der Rückweg verbaut. Das *Ja* hingegen erlaubt die fortgesetzte Verantwortungslosigkeit und ist allein deshalb schon für manchen die reizvollere Wahl.

Dass sich die Antwort *Nein, wir passen nicht zusammen* so schlecht anfühlt, liegt jedoch nicht daran, dass die Taten, zu denen sie drängt, so schrecklich sind. Vielmehr spiegelt die entlarvende Ehrlichkeit des *Nein* Ihre tatsächliche Gefühlslage: Es beleuchtet den seelischen Schaden, den Sie angerichtet haben, indem Sie so lange nicht auf sich selbst gehört haben.

Nun ist es an Ihnen zu entscheiden, ob Sie mit einem trotzigen *Jawohl, wir passen fabelhaft zusammen!* wieder in die scheinbare Geborgenheit Ihrer Beziehungslüge zurückkriechen, um dort weiter herumzuhoffen und herumzuleiden – oder ob Sie sich trennen und sich aufmachen, besagten Seelenschaden zu heilen, der im Übrigen um einiges größer ist, als Sie jetzt ahnen. Doch spätestens wenn Sie am Ende Ihres Daseins zurückblicken – im Wissen darum, dass Ihnen keine Zeit mehr bleibt, eine andere Wirklichkeit zu erschaffen –, wird Ihnen der Preis einer Beziehung bewusst werden, die Sie daran gehindert hat, so zu leben, wie Sie es sich gewünscht hätten.

Ein Gespräch, das viel länger geriete,
würde darin nicht der Wille dominieren

L iebst du mich nicht mehr?
　　Doch.
Warum gehst du dann!
Weil unsere Beziehung mir nicht guttut.

Die Beziehung beenden
(handelnde Position)

1.

Sie brauchen sich nicht zu schämen. Sie haben nicht versagt. Sie haben alles probiert. Niemand ist schuld. Es passt einfach nicht.

2.

Sie brauchen auch kein schlechtes Gewissen zu haben. Sie tun Ihrem Partner nichts Schlimmes an. Und wenn er angesichts der Trennung erst recht dem Drama verfällt, muss er sowieso lernen, allein aus seiner Hölle herauszufinden. Mitleid ist kein Argument, eine Beziehung fortzuführen.

Sie sind Ihrem Partner nicht verpflichtet. Und auch nicht der Moral. Sie sind nur sich selbst und Ihren Kindern verpflichtet, die leiden, wenn ihre Eltern leiden. Also sorgen Sie dafür, dass Sie glücklich sind. Das ist Ihre wahre Pflicht. Es ist Ihre Pflicht, Ihren Kindern das Richtige vorzuleben – und Sie wissen schließlich genau, was das ist.

4

Sie trennen sich nicht von Ihrem Partner, Sie trennen sich vom Schmerz – und verbinden sich damit wieder mit sich selbst.

Das ist das Paradoxon dieses Vorganges: Die Trennung verbindet. Sie waren von sich selbst getrennt; nun werden Sie wieder ganz.

Einen guten Moment für die Trennung gibt es nicht. Aber vielleicht die richtigen Worte: *Unsere Beziehung tut mir nicht gut, darum beende ich sie.*

Mehr gibt es nicht zu sagen, denn um etwas anderes geht es nicht. Sprechen Sie diese Worte aus, und der ganze Druck, der auf Ihnen gelastet hat, wird abfallen.

Die Beziehung beenden
(erduldende Position)

Eine Trennung ist nichts anderes als die umgesetzte Einsicht, dass zwei Menschen nicht zusammenpassen und deshalb nicht zusammengehören, und damit im Grunde ein sachliches und unpersönliches Ereignis. Doch wenn nicht *Sie* zu besagter Erkenntnis gelangt sind, sondern stattdessen Ihr Partner Sie damit konfrontiert, nehmen Sie dies, je nach Selbstwert, als negative, womöglich gar entwertende Aussage über Ihre Person entgegen. Von Ihrem verletzten Stolz angefeuert, reagieren Sie entsprechend gekränkt, sehen all Ihre Befürchtungen bestätigt, dass die Trennung eine blutige Tragödie darstellt und Sie wertlos sind. Sie verspüren seelische Schmerzen enormen Ausmaßes.

Vergegenwärtigen Sie sich jedoch, was genau vorgefallen ist und woher Ihre Gefühle tatsächlich rühren, verändern sich diese schon bald in eine positive Richtung.

1.

Sie sind nicht mehr mit Ihrem Partner zusammen, *weil es nicht gepasst hat*. Das ist der wahre und einzige Grund. Würden Sie zusammenpassen, wären Sie ein Paar geblieben. Das Leben trennt das Passende nicht und weiß auch sonst sehr genau, was es tut.

2.

Nicht das Ende Ihrer Beziehung lässt Sie derart leiden, sondern Ihr *Protest* dagegen – und damit gegen die Trauer, in der Sie gleichzeitig zu ertrinken und zu verbrennen fürchten. Aber Trauer schmerzt nicht, sie macht bloß traurig. Schmerzhaft ist hingegen der verkrampfte Widerstand gegen Ihre Gefühle. Indem Sie gegen diese opponieren, erschaffen Sie eine eigene Quelle von Schmerz. Allein schon die Absicht, nicht verletzt werden zu wollen, hat verletzende Qualität. Sobald Sie Ihren Protest erkennen und die Trauer zulassen, wird diese Sie zwar wahrlich niederfegen, doch nur für einen kurzen, gewaltigen und eigenartig schönen Moment. Sie wird Sie zum Weinen bringen, aber nicht zur Verzweiflung. Tatsächlich wird sie Sie davon erlösen.

3.

Was uns zustößt und wie wir darauf reagieren, sind zwei verschiedene Dinge, und unser Lebens- und Selbstempfinden ergibt sich zur Hauptsache aus Letzterem. Auf das Ende Ihrer Beziehung haben Sie keinen Einfluss gehabt, doch wie Sie mit der veränderten Situation umgehen, liegt nun allein bei Ihnen. Indem Sie dieser Verantwortung gewahr werden, können Sie von der zwecklosen Lamentation über die Trennung und deren taktlose Begleitumstände ablassen und sich der Frage zuwenden, wie das nächste Kapitel Ihrer Lebensgeschichte geschrieben werden soll: Wird es herb und dramatisch, voller Selbstmitleid und Zorn? Oder ist es von Dankbarkeit für die gemeinsame Zeit geprägt und von Zuversicht gegenüber einer guten, passenden Zukunft?

4.

Sie sind nicht *verlassen worden*, sondern *Ihre Beziehung ist zu Ende*. Diese beiden Beschreibungen derselben Realität erzeugen vollkommen verschiedene Empfindungen: Erstere entfaltet quälende Gefühle von Geringwert und Einsamkeit, während letztere Ihnen ermöglicht, Ihrem Expartner ein dankbares Lebewohl mit auf seinen weiteren Weg zu geben.

Wie wir uns fühlen, hängt erheblich davon ab, wie wir über uns und unser Leben sprechen, weswegen von ablehnenden und negativen Formulierungen überhaupt Abstand zu nehmen ist; ob sie nun andere betreffen oder einen selbst.

5.

Die Zeit heilt Wunden überhaupt nicht. Wunden heilen nur durch das Annehmen und das Bewältigen. Nehmen Sie das Ende Ihrer Beziehung an, ohne dagegen zu protestieren, so scharfkantig und übelriechend es auch sein mag, seien Sie traurig, nehmen Sie es wieder an und seien Sie abermals traurig.

Nehmen Sie es so lange an und seien Sie so lange traurig, bis Sie den Wunsch nicht mehr verspüren, das Drehbuch Ihrer Beziehung zu Ihren Gunsten zu redigieren. Nehmen Sie Ihre Trennung an, bis Sie sie so sehr angenommen haben, dass Sie sie umarmen.

Eine Botschaft
Ihres späteren Selbst

Herzlichen Glückwunsch, Deine nichtpassende Beziehung ist vorbei!

Darüber freust Du Dich jetzt vielleicht noch nicht so recht. Aber ich möchte Dir an dieser Stelle mitteilen, dass es mir gutgeht, dass ich wieder heil bin, dass ich reifer und wahrhaftiger geworden bin, dass ich mich selbst angenommen und mich mit jemandem verbunden habe, der zu mir passt. Oder dass ich auch allein sehr glücklich bin.

Ich, Dein späteres Selbst, möchte Dir sagen, dass Du allen Grund hast, zuversichtlich zu sein – weil Du schon bald sehr froh darüber sein wirst, dass die Dinge sich nicht so entwickelt haben, wie Du es einst gewollt hast.

Anleitung zum Loslassen

Ob Sie die Trennung vollzogen haben, Ihr Expartner sie vollzogen hat oder Sie sich gar
einig waren, diesen Schritt zu tun – beide sind
Sie nun aufgefordert, einander *loszulassen*. Dieser
Vorgang ist zwar in aller Munde, doch wie er zu
bewerkstelligen ist, kann einem keiner so recht sagen. Das liegt daran, dass es sich um eine Metapher
handelt und nicht um ein Rezept. Ein solches sei
Ihnen im Folgenden versuchsweise an die Hand
gegeben.

I. AUSATMEN

Atem, Gedanke und Gefühl sind direkt miteinander verbunden. Wie Sie atmen, so denken Sie,
und wie Sie denken, so fühlen Sie. Fühlen Sie
sich schlecht, haben Sie schlecht gedacht und somit falsch geatmet – nämlich nicht in den Bauch,
sondern flach mit der Brust, wie fast alle Erwach-

senen es tun, die sich zu stark an und mit ihrem Verstand orientieren und sich deswegen ständig über irgendetwas den Kopf zerbrechen. Kinder hingegen atmen ganz in den Bauch und sind deshalb fast immer fröhlich.

Atmen Sie in Ihre Brust, vermehrt und beschleunigt dies Ihre Gedanken; atmen Sie in den Bauch, zu Ihren Gefühlen hinab, besänftigt das den Geist. Die Bauchatmung ist die einfachste, schnellste und kostengünstigste Form der Psychotherapie: Mit jedem Ausatmen fließen Ihr Expartner, Ihre Beziehung mit ihm, Ihre falschen Hoffnungen und Ihre Wut ein Stück mehr aus Ihnen heraus. Atmen Sie hingegen in die Brust, halten Sie all dies zurück. Und damit sich selbst.

Sie atmen bis ganz unten in den Bauch ein.
Sie atmen aus.
Sie lassen Ihren Expartner los.

Sie atmen bis ganz unten in den Bauch ein.
Sie atmen aus.
Sie lassen Ihren Schmerz los.

Sie atmen bis ganz unten in den Bauch ein.
Sie atmen aus.
Sie lassen Ihren Protest los.

Kleben Sie an jede Tür in Ihrer Wohnung einen Zettel, auf dem *Einatmen, Ausatmen* steht. Lassen Sie es sich notfalls irgendwo hintätowieren.

2. HINEINFÜHLEN UND HINDURCHFÜHLEN

Liebeskummer trifft stets beide. Beide haben ihre wichtigste Bezugsperson verloren, beide haben ein kleines Trauma durchlebt, beide sind einsam und verletzt. Umso intensiver und bewusster die nun auftretenden Gefühle gefühlt werden, umso zügiger und gründlicher lösen sie sich auf – und umso weniger belasten sie Ihre künftige Partnerschaft. Denn dort gehören sie auf keinen Fall hin.

Nun, was fühlen Sie gerade?

Sie sind wütend? Also fluchen Sie und erheben Sie gegen Ihren Expartner – in dessen Abwesenheit, versteht sich – alle Vorwürfe, die Ihnen in den Sinn kommen; egal wie ordinär, irrational und lachhaft. Probieren Sie gar nicht erst, *darüberzustehen.* Sie sind ein Mensch, kein Satellit. Schimpfen Sie, bis Ihnen nichts mehr einfällt.

Sie sind traurig? Also weinen Sie. Je trauriger Sie sind, umso größer ist Ihre Liebe gewesen, und es ist die reine Schönheit, darüber trauern zu dürfen. Fühlen Sie sich durch Ihre Trauer hindurch, Tag für Tag und Schicht um Schicht. So lange es eben dauert.

Sie fühlen sich einsam? Also bleiben Sie zu Hause und schalten Sie Ihr Telefon aus. Meiden Sie die Abgeschiedenheit nicht, sonst werden Sie schon bald mit jemandem im Bett liegen, der sie auch nicht ertragen kann. Nutzen Sie diese Zeit zur Heilung und seien Sie sich selbst der aufmerksame, liebevolle und lustige Partner, den Sie sich wünschen. Tun Sie Dinge, die Ihnen Freude bereiten. Gehen Sie allein ins Kino, buchen Sie ein Hotel in den Bergen, gehen Sie allein wandern, dinieren Sie allein im Speisesaal und seien Sie bei alledem *zufrieden mit sich selbst.*

Sie mögen nichts mit sich unternehmen, weil Sie merken, dass Ihnen Ihre eigene Gesellschaft unangenehm ist und Sie sich lieber aus dem Weg gehen? Das ist gar nicht gut. Reden Sie mit einem Therapeuten darüber.

Sie sind schon wieder wütend? Immer raus damit! Sagen Sie Ihrem Expartner, was Sie von ihm halten – aber nicht persönlich. Gehen Sie in den Wald, stellen Sie sich vor, Ihr Expartner stünde Ihnen gegenüber, und sprechen Sie laut aus, was Sie ihm sagen wollen. Reden Sie sich alles von der Seele, bis sie wieder frei ist. Statten Sie dem Wald sowieso häufige Besuche ab, er ist ein vortrefflicher Heiler und verzeiht jeden Kraftausdruck.

Sie sind schon wieder traurig? Ausgezeichnet! Das heißt, dass Sie sich nicht dagegen wehren. Immer beherzt voran durch das dornige Strauchwerk des Trennungsschmerzes! Entweder Sie bewältigen Ihre Trauer jetzt oder sie wird sich tief in Ihnen einnisten und später, wenn ein neuer Mensch Sie berührt, wieder aufbrechen.

Sie sind verzweifelt, glauben nicht mehr an die Liebe und finden, niemand auf der ganzen Welt sei schlimmer dran? Saufen Sie! Es gibt gute Getränke und gute Musik für Liebeskummer. Unternehmen Sie nichts *gegen* ihn – feiern Sie ihn. Manch einer gäbe viel dafür, wieder mal ein gebrochenes Herz zu haben.

Sie vermissen Ihren Partner und stellen fest, dass Sie ihn immer noch lieben? Vermissen Sie ihn! Lieben Sie ihn! Seien Sie dankbar, dass Sie so berührt worden sind und sich so tief verbunden haben. Zertreten Sie Ihre Gefühle nicht, das wäre eine Grausamkeit gegen sich selbst und Ihre gemeinsame Vergangenheit. Lieben Sie den Menschen, den Sie verloren haben, so lange, wie Sie ihn eben lieben, und wenn Sie es in Ihrer letzten Stunde noch immer tun, werden Sie glücklich sterben.

Bedenken Sie auch, dass Ihr Expartner Ihre Qualitäten *gespiegelt* hat, nicht geraubt. Die Dinge, die Ihnen an Ihrer Beziehung gefallen haben, waren nicht die Spende eines nun versiegten Füllhorns, sondern Äußerungen Ihres Wesens, die in diesem Menschen eine Entsprechung gefunden hatten. Was Sie vermissen, ist demzufolge weniger Ihr Expartner als vielmehr ein Pendant für Ihre eigene Güte.

Eine Trennung ist und bleibt ein großer Mist. Aber richtig mühsam gerät sie nur, wenn Sie sich gegen Ihre Gefühle wehren. Erkennen Sie den Protest, unterlassen Sie ihn, fühlen Sie, was es zu fühlen gibt, ohne ein neues Drama daraus zu machen, hören Sie wieder auf zu trinken und üben Sie sich in Zuversicht. Denn so, wie es jetzt ist, wird es nicht bleiben. Bessere Zeiten sind bereits auf dem Weg zu Ihnen.

(Atmen Sie noch in den Bauch? Man vergisst es so schnell!)

3. DIE WORTE DER FREUNDE PRÜFEN

Hören Sie nicht auf Ihre Freunde, die Ihnen sagen, Sie hätten *etwas Besseres verdient*. Sie haben es gewiss verdient, sich besser zu fühlen als in einer nichtpassenden Beziehung, aber *etwas Besseres* in Bezug auf einen Menschen setzt diesen herab und damit Ihre Liebe ihm gegenüber.

Hören Sie auch nicht auf jene Freunde, die Sie nun in die Nachtclubs zerren und Ihnen ein Abenteuer zum Vergessen oder gleich einen neuen Partner aufschwatzen wollen. Nur oberflächliche Menschen tun das. Echte Freunde setzen sich mit Ihnen an den Küchentisch und fühlen sich mit Ihnen durch Ihre Gefühle, anstatt Ihnen diese auszureden.

Echte Freunde nehmen auch nicht blindlings Ihre Seite ein und schmähen aus falsch verstandener Loyalität Ihren Expartner, sondern machen Sie auf problematische Verhaltensweisen Ihrerseits aufmerksam.

Der Verstand ist wie ein junges Pony, das kreuz und quer durch die Blumenbeete hüpft. Man muss ihn zähmen und ihm das frustrierende Studium des Unabänderlichen verbieten.

Wenn Sie überlegen, was Sie hätten anders machen sollen, damit es geklappt hätte mit Ihrem Expartner, sagen Sie laut: *Stopp!*

Lauter!

Noch lauter!

Wenn Sie überlegen, was Ihr Expartner alles hätte anders machen müssen, sagen Sie: *Stopp!*

Wenn Sie sich vorstellen, wie er mit einem anderen Menschen schläft, sagen Sie: *Stopp!* Und atmen Sie so lange tief ein und aus, bis diese Gedanken wieder in den Hintergrund treten. Das Leben Ihres Expartners geht Sie nichts mehr an und sein Liebesleben erst recht nicht.

Wenn Sie sich hingegen vorstellen, wie *Sie* mit Ihrem Expartner schlafen, genießen Sie die vielfältigen Masturbationsphantasien. Sie werden bald genug verblassen.

Erstellen Sie eine Liste mit den Dingen, die Sie an Ihrer Beziehung und Ihrem Partner gestört haben, und holen Sie sie hervor, sobald Sie die Vergangenheit und deren Personal zu glorifizieren beginnen. Das wird unweigerlich passieren, weil das Herz alles vergibt und der Geist einen leidenschaftlichen Drang zur Mythenbildung hat und weil ja trotz allem viel Schönes stattgefunden hat, weswegen Sie kurzerhand die Schwierigkeiten der vergangenen Monate und Jahre kleinreden und behaupten, indem Sie mit den Fäusten gegen das nunmehr verschlossene Tor Ihrer Beziehung trommeln, hinter diesem hätten paradiesische Zustände gewaltet.

Rufen Sie sich anhand der schwarzen Liste ins Gedächtnis, wie sich Ihre Beziehung *tatsächlich* gestaltet und angefühlt hat. Dann wird auch Ihr Bedürfnis nach Rückkehr zerfallen. Und sonst bitten Sie einfach Ihre Freunde um eine ehrliche Wiedergabe ihrer Beobachtungen der jüngsten Zeit.

(Atmen Sie noch in den Bauch? Man vergisst es so schnell!)

Tun Sie sich den Gefallen und verzichten Sie darauf, das neue Leben Ihres Expartners aus der Ferne mitzuverfolgen. Loslassen heißt auch *in Ruhe lassen*.

7. BEGRÜSSEN

Auch wenn es sich vorläufig nicht so anfühlt: Es ist richtig, dass Sie getrennt sind. Es ist kein Versehen, keine Strafe, kein Unfall und kein Irrtum, sondern ein notwendiger Schritt in Ihrer Entwicklung, den Sie womöglich jahrelang verhindert haben. Begrüßen Sie ihn als etwas Begrüßenswertes.

Stellen Sie sich vor den Spiegel und sagen Sie zu sich selbst, als sprächen Sie vor tausend Zeugen:

Es ist richtig, dass diese Beziehung zu Ende ist.

Es ist gut für mich.

Ich freue mich darüber.

So lange, bis Sie es zumindest nicht mehr ausschließen.

Frei sein werden Sie, wenn Sie es tatsächlich so sehen und die Situation, wie sie jetzt ist, genau so *wollen*.

Sie machen das Licht aus. Sie legen sich ins Bett. Sie decken sich zu. Sie stellen sich vor, wie Ihr Partner neben Ihnen liegt, so wie er es viele Male getan hat. Sie flüstern zärtlich und ehrlich diesen Loslasszauberspruch:

Ich danke dir, dass du mir so nahe gewesen bist und mich so viel gelehrt hast. Ich danke dir und gebe dir mein liebendes Lebewohl mit auf deinen Weg, für den ich dir von Herzen das Beste wünsche.

Am nächsten Morgen werden Sie losgelassen haben. Ansonsten wiederholen Sie dieses kleine Ritual und meinen es diesmal ernst mit dem Lebewohl. Lebewohl heißt, dass man sich nicht wiedersehen wird. Lebewohl heißt, dass es endgültig vorbei ist.

Es spielt keine Rolle, ob dem wirklich so ist; vielleicht hat das Schicksal ja noch Pläne für Sie und den Menschen, der gegenwärtig Ihr Expartner ist. Aber diese Pläne können nur wahr werden, wenn Ihr heutiges Lebewohl eines für immer ist. Nur so können Sie sich später auf einer höheren, wahrhaftigeren Ebene wieder begegnen.

Nehmen Sie so lange Abschied, bis Sie sich tatsächlich verabschiedet haben, lassen Sie währenddessen möglichst die Finger von neuen Menschen und hören Sie auf, mit Ihren Freunden über Ihren Expartner zu reden, sonst kann sich diese Wunde nie schließen.

Und dann warten Sie, was die Fügung Ihnen als Nächstes in den Schoß legt.

(Atmen Sie noch in den Bauch? Man vergisst es so schnell!)

9. NACH VORN SCHAUEN

Diese Metapher benötigt keine Gebrauchsanweisung, lediglich konzentrierte Anwendung. Schauen Sie nach vorn in Ihr Leben: Was sehen Sie dort?

Was möchten Sie dort sehen? Wen möchten Sie dort treffen? Was möchten Sie dort erleben? Wie wollen Sie sich dort fühlen?

Jetzt ist die Zeit für kluge, schöne Wünsche.

Mehr können Sie nicht tun. Nur indem Sie jetzt ganz loslassen, sind Sie später in der Lage, sich wieder jemandem ganz zu öffnen. Und je mehr Sie jetzt festhalten, umso weniger nahe wird Ihnen je wieder ein Mensch sein können.

Atmen Sie ein, atmen Sie aus und lassen Sie los.

Sagen Sie nein zum Groll

Die Liebe ist eine seltsame Kraft. Sie fließt, wohin sie will und solange sie will, und sie lässt die Herzen, die sie einst magisch miteinander verbunden hat, noch lange Zeit nacheinander rufen. Der tatsächliche Abschied beginnt somit erst nach der Trennung, und er kann dauern. Das empfindet man aber schon bald als gemeinen Schicksalsscherz: *Okay*, sagt man sich, *okay – ich habe es verstanden. Es hat nicht funktioniert, es hat nicht gepasst, es ist vorbei. Kann es dann aber bitte auch endlich mal hier drin* – Hand aufs Herz – *vorbei sein? Darf ich nun bitte an andere Dinge denken als alle dreißig Sekunden an den Menschen, der diese Schramme hinterlassen hat?*

Und das Herz entgegnet, während es weiter auf seiner Laute spielt: *Was gestern Liebe war, ist es auch übermorgen.*

Die einen lassen das so stehen. Die anderen aber gehen dazu über, ihre Liebe abzuwerten und mit

Groll zuzuschütten, weil sie glauben, auf diese Weise leichter damit zurechtzukommen – und auch ausreichend Grund dafür zu haben, weil allerlei Dinge vorgefallen sind, die sie verletzt haben, wozu auch die Trennung an sich gehört. Doch Groll ist ein übles Gift, dessen Wirkung nicht darin besteht, den Irrtum Ihrer Partnerwahl wegzuätzen, er verleitet Sie vielmehr dazu, aus trotziger Rache an Ihrem Schmerz festzuhalten, sich neuen, passenderen Begegnungen zu verschließen oder sich nur noch auf Beziehungen einzulassen, die mit Sicherheit *Sie* beenden werden.

Groll ist nur neues Drama. Und letztlich ein Affront gegenüber Ihrem nächsten Partner: Wie fänden Sie es, wenn dieser halbkompostierte Gefühle in Ihre neue Beziehung einschleppte und regelmäßig einem Menschen zürnte, der immer als hassgeliebtes Phantom zwischen Ihnen stünde?

Sagen Sie nein zum Groll.

Ihr Herz ist groß, es passt mehr als ein geliebter Mensch hinein.

Sie brauchen niemanden daraus zu verjagen.

Sie brauchen lediglich zu vergeben; sich selbst und Ihrem Expartner.

Vergeben heißt nicht billigen – vergeben heißt anerkennen, dass Ihr Expartner es nicht besser gekonnt hat, genau wie Sie. Er hat Sie nicht bloß halb geliebt und sich deshalb nur halbe Mühe gegeben – er hat Sie ganz geliebt, und Sie haben sein Bestes gesehen. Und wenn sein Bestes für Sie nicht passend war, so sollten Sie ihm nicht sein Unvermögen vorhalten, so es denn überhaupt eines gewesen ist, sondern Mitgefühl walten lassen. Genauso wie sich selbst gegenüber.

Stellen Sie sich also ein weiteres Mal vor den Spiegel und sprechen Sie zu sich: *Ich vergebe mir. Ich habe alles getan, was ich zu jenem Zeitpunkt tun konnte.*

Nehmen Sie ein Foto Ihres Expartners hervor und sagen Sie zu ihm: *Ich vergebe dir und lasse dich ziehen, wo auch immer du hingehst – ich muss offenbar nicht mit dir dorthin. Ich lasse dich ziehen, mit wem auch immer – ich bin es offenbar nicht.*

Schicken Sie Ihrem Expartner von nun an nur noch gute Gedanken. Teilen Sie ihm telepathisch mit, was er alles richtig gemacht hat. Wünschen Sie ihm Glück und Freude. Loben Sie seinen tollen Hintern.

Wenn es mit der Beziehung nicht geklappt hat, klappt es ja vielleicht mit der Trennung

Unverheiratete und kinderlose Paare, die nicht zusammenleben, haben es gut: Nach ihrer Trennung können sie sich unverzüglich voneinander abwenden und brauchen nie wieder ein Wort zu wechseln. Für alle anderen gestalten sich die weiteren Schritte wesentlich anspruchsvoller, und wer Kinder hat, sieht sich gar mit der bizarren Mission konfrontiert, mit dem anderen Elternteil sachlich und konstruktiv umzugehen – ein paradoxer Hohn angesichts dessen, dass genau dies bisher nicht gelungen ist.

Aber wenn es mit der Beziehung nicht geklappt hat, klappt es ja vielleicht mit der Trennung. Vielleicht entpuppt sich Ihr nichtpassender Partner ja als passender Trennungspartner; als ein Mensch, mit dem Sie Ihre Beziehung respektvoll auflösen können. Und vielleicht gelingt dies auch Ihnen. Schließlich hat man sich einst geliebt, das sollte etwas wert sein. Oder sehr viel.

Es ist schade, dass es nicht funktioniert hat mit Ihnen beiden und dass Sie, obwohl viel Gutes entstanden ist und stattgefunden hat, dennoch unglücklich geworden sind. Aber wie verfahren Ihre Situation auch immer sein mag: Sie können *jederzeit* einen heilen Kurs einschlagen. Sie können sich – in Würdigung Ihrer alten Zuneigung und gemeinsam verbrachten Zeit, vor allem aber Ihren Kindern zuliebe – nun gegenseitig nach Kräften unterstützen und Ihre missliche Lage in eine günstige verwandeln.

Das ist vermutlich nicht, worauf Sie jetzt Lust haben – möglich ist es dennoch. Auch wenn Sie nicht zusammenpassen, einander nicht verstehen, wütend sind aufeinander und auf zahllose wechselseitige Verletzungen zurückblicken, können Sie nun *trotzdem* hilfreiche, förderliche Entscheidungen fällen und dem Drang Ihres gekränkten Egos widerstehen, heimtückische Rache an Ihrem Expartner zu üben, Ihre Kinder gegen ihn aufzuhetzen, ihn überhaupt zum Todfeind zu erklären und einen Vernichtungskrieg gegen ihn zu entfesseln, der mit seinem seelischen und wirtschaftlichen Ruin enden soll.

Mit wem man zusammen gewesen ist, zeigt sich in seiner Gänze erst mit dem Ende der Beziehung, und das gilt auch für Sie selbst. Was nichts anderes bedeutet, als dass diese Situation eine Einladung an Sie beide darstellt, über sich selbst hinauszuwachsen und mitfühlender, verantwortungsbewusster und versöhnlicher zu sein als je zuvor.

Ihre Beziehung ist zu Ende, doch nun gestalten Sie die Grundlage Ihrer Zukunft und der Ihrer Kinder. Leben Sie ihnen Hass und Vergeltung vor? Oder Dankbarkeit und Respekt?

Was sollen Ihre Kinder aus Ihrer Trennung lernen?

Was sollen sie lernen darüber, wie Menschen miteinander umgehen?

Versuchen Sie, anständig zu sein. Versuchen Sie, fair zu sein. Versuchen Sie, sachlich zu sein.

Versuchen Sie zu erkennen, dass es Ihnen beiden genau gleich geht und Sie sich in der gleichen Situation befinden. Sie sind *beide* traurig und enttäuscht. Es gibt keinen Gewinner und keinen Verlierer und auch nicht zwei Verlierer, sondern nur zwei Menschen, die einander geliebt und dabei erkannt haben, dass sie trotzdem nicht zueinanderpassen, und die nun frei sind, heilere Wege zu gehen. Und auch wenn es unnatürlich erscheint, sich darüber zu freuen, und nur natürlich, sich deswegen zu grämen, so ist es genau umgekehrt.

Sie brauchen nicht beste Freunde zu werden; Sie waren es ja schon vorher nicht. Aber Sie können nett sein zueinander. Sie und Ihre Kinder brauchen das jetzt. Und es kostet Sie nichts. Bloß Ihren dummen Stolz.

Was brauchen Sie
gerade jetzt?

Ihre nichtpassende Beziehung hat Ihnen einiges aufgezeigt:

- dass nur sehr wenige Charaktere zu Ihnen passen und umgekehrt,
- dass Ihre Entscheidungskriterien für das Passen bisher nicht tauglich oder zumindest nicht vollständig gewesen sind,
- dass spontane Zweifel meist begründet sind,
- dass das Nichtpassende nicht passend gemacht werden kann,
- dass einem nicht jeder guttut, den man liebt,
- dass Liebe nicht genügt, um mit jemandem zusammen zu sein,
- dass das, was man Liebe nennt, oft Schmerz ist,
- dass ein schlechter Selbstwert jede Beziehung torpediert,
- dass es Kompromisse gibt, die man eingehen muss, und solche, die man keinesfalls einge-

hen darf; vor allem, was den Respekt anbelangt,

- dass eine Beziehung sich *hier und jetzt* gut anfühlen muss,
- dass die Menschen so bleiben, wie sie sind,
- dass mit Wundern besser nicht zu rechnen ist,
- dass Ihre Kindheitserfahrungen Ihre Partnerwahl und Ihr Beziehungsverhalten bestimmen,
- dass Ihr Beziehungsverhalten jenes Ihrer Kinder beeinflussen wird,
- dass Ihr bisheriges Beziehungsmotiv eine Menge Drama generiert hat,
- dass eine Beziehung, die erfordert, dass beide Partner sich verbiegen, um einander nahezusein, keine Beziehung ist, sondern ein Schauspiel,
- dass eine Beziehung unmöglich gesund und stabil sein kann, solange Sie selbst es nicht sind beziehungsweise Ihr Partner es nicht ist,
- und dass man besser auf einen passenden Partner wartet, als darauf zu setzen, dass ein halb passender sich als ganz passend herausstellen wird.

Leider verstehen wir das Warten aber häufig nur als lästigen Lieferengpass, weswegen wir auch keine

Geduld aufbringen für das bewusste, sorgfältige Kennenlernen. Hierzu würde es gehören, sich zeremoniell an einem geeigneten Ort zu treffen und offen über seine Wünsche und Vorstellungen zu sprechen wie auch über seine Ängste und Schattenseiten, denen ein immenses Potential innewohnt, die Beziehung zu beeinträchtigen und schließlich zugrunde zu richten.

Wenn Sie also das nächste Mal jemanden kennenlernen, mit dem Sie sich etwas Ernsthafteres vorstellen können, sollten Sie spätestens nach der fünften gemeinsamen Nacht ein Rendezvous mit diesem Menschen vereinbaren, das explizit dazu dient, gemeinsam Antworten auf Fragen folgender Art zu finden:

Was ist mir wichtig in einer Partnerschaft?
Wie möchte ich sie führen?
Wie möchte ich sie *nicht* führen?
Was möchte ich mit meinem Partner teilen?
Wie viel Freiraum brauche ich?
Welchen Kompromiss kann ich *nicht* eingehen?
Wie gehe ich mit Konflikten um?
Welche Kindheitserfahrung belastet mich bis heute?
Wie ist mein Selbstwert?
Was bereitet mir Schwierigkeiten?

Was sind meine Stärken?
Was bedeutet Liebe für mich genau?
Usw.

Fänden solche Unterhaltungen statt, was zunächst eine gründliche Zwiesprache mit sich selbst voraussetzt, entstünden nicht so viele nichtpassende Beziehungen und damit nicht so viel Leid, sondern wir würden uns beieinander für die lehrreiche Offenbarung bedanken, gingen unbeschadet unserer Wege und träfen, da wir uns selbst besser kennengelernt hätten, schon bald auf eine passendere Person.

Es stellt sich nämlich die Frage, ob man, um solche Einsichten zu gewinnen, wirklich jedes Mal in voller Nacktheit aufeinander einrennen muss, bis die Herzen splittern, um sich danach über Monate hinweg mühsam aufzurappeln und wieder ein wenig härter und bitterer geworden zu sein. Oder ob es nicht schlauer wäre, sich eine kleine Weile lang – zwei, drei Wochen bloß, Leute! – auf freundschaftlicher Ebene zu begegnen. Oder den Mittelweg zu gehen und zwar miteinander zu schlafen, aber auch *miteinander zu reden.*

Und ob man sich, bevor man wieder in den Bars herumsteht, nicht noch ein paar Abende allein zu Hause mit einigen Fragen beschäftigen sollte:

Was hat mich an meinem Expartner angezogen?

Was vermisse ich heute an ihm?

Warum?

Was war seine emotionale Funktion für mich?

Will ich diese Funktion auch in einem neuen Partner finden?

Wenn ja, warum?

Wenn nein, welche dann?

Wie habe ich mich in der Gegenwart meines Expartners gefühlt?

Wieso habe ich es zugelassen, mich so zu fühlen, und was hat es mir gebracht?

Was wurde dadurch bestätigt?

Wie möchte ich mich *stattdessen* fühlen?

Was für ein *Beziehungsgefühl* möchte ich künftig haben?

Warum habe ich die anfänglichen Warnzeichen ignoriert, und vor allem: wie?

Wie ist es mir gelungen, meine Intuition zu übertönen; mit welcher Parole?

Wie klingt meine Intuition eigentlich?

Was sagt sie mir *gerade jetzt*?

Was brauche ich *gerade jetzt*?

Vermutlich werden Sie feststellen, dass Sie nach der ganzen Aufregung einfach mal eine Weile lang Ihre Ruhe haben möchten. Nicht zuletzt, um den

Menschen kennenzulernen, zu dem Sie geworden sind – und den Sie nicht mehr missen wollen werden.

(Atmen Sie noch in den Bauch? Man vergisst es so schnell!)

Abschließender Dialog
zwischen Leser und Verfasser

Ich weiß nicht, ob ich mich trennen soll oder nicht.
Doch, das wissen Sie.

Die Trennung wird alles nur schlimmer machen!
Das hingegen wissen Sie nicht.

Wir lieben uns doch!
Das reicht leider nicht. Man muss nicht nur lieben, sondern auch passen.

Aber es hat mal gepasst.
Nein. Sie waren sich lediglich des Nichtpassens noch nicht bewusst. Oder es hat für jenen Moment gepasst. So oder so ist einstiges Passen kein heutiges.

Was ist ein gültiger Trennungsgrund?
Das eigene Unglück. Was soll denn sonst einer sein?

Kann man nicht um die Liebe kämpfen?
Das wäre der Liebe gar nicht recht.

Aber mein Partner müsste doch nur …
Vergessen Sie radikal alle Konjunktivsätze. Sobald
Sie *könnte, müsste* oder *würde* sagen, haben Sie die
Realität verlassen. Beschäftigen Sie sich nicht län-
ger mit den Fehlern Ihres Partners. Fragen Sie sich
lieber, was Sie an ihm angezogen hat.

Ich will mich trennen, aber mein Partner nicht.
Das ist sein Problem und außerdem Erpressung.
Und alles andere als eine taugliche Grundlage, die
Beziehung weiterzuführen. Auch Mitleid oder ein
schlechtes Gewissen sind keine guten Argumente.

Ich habe Angst vor der Trennung.
Wieso fürchten Sie nicht die fortgesetzte Selbstent-
fremdung?

Es ist schwierig, sich zu trennen.
Schwierig ist meist nur ein anderes Wort für not-
wendig.

*Ich habe momentan keine Kraft, mich mit einer
Trennung auseinanderzusetzen.*
Sie haben keine Kraft, *gerade weil* Sie sich nicht

mit der Trennung auseinandersetzen wollen und alle Energie darauf verwenden, Ausreden wie diese zu erfinden.

Aber die Kinder!
Wenn Ihnen das Wohl Ihrer Kinder wirklich am Herzen liegt, dann sorgen Sie dafür, dass sie nicht in Missstimmung aufwachsen müssen. Missstimmung zwischen den Eltern ist eine Form von Vernachlässigung und Missbrauch gegenüber den Kindern.

Aber das Geld!
Lieber arm und allein als reich und nichtpassend verbunden.

Aber das Haus!
Verkaufen Sie den Kasten. Er ist zu Ihrem Gefängnis geworden.

Wann ist ein guter Zeitpunkt, um sich zu trennen?
Jetzt.

Was werden die Leute denken?
»Wow. Die sind ehrlich und mutig.«

Dank

Ich danke den wunderbaren Frauen, denen ich habe nahe sein dürfen. Ihr habt mich tief berührt, reich beschenkt und viel gelehrt, und auch wenn wir uns nicht mehr sehen, ist Eure Zärtlichkeit und Wärme noch immer in mir.

Ich danke den Herren Kern und Schöb für ihre hilfreiche Meinung zu diesem Text, für die Gespräche, die mit dazu geführt haben, und für ihre schonungslose Freundschaft. Ihr helft mir immer wieder, ich selbst zu sein.

Ich danke André Gstettenhofer vom Salis Verlag dafür, dass er sich auf ein weiteres literarisches Experiment eingelassen hat, und meinem Lektor Patrick Schär für die neuerliche Nerd-Party. Ärgerlich, dass ich jedes Mal ein Buch schreiben muss, um in den Genuss davon zu kommen.

Ich danke dem Leben. Du bist sehr gut zu mir.

Playlist

Jackson C. Frank – *I Want to Be Alone*
Passenger – *Let Her Go*
Chris Isaak – *Breaking Apart*
Leonard Cohen – *Hey, That's No Way to Say Goodbye*
Alanis Morissette – *You Oughta Know*
Carole King – *It's Too Late*
Burial – *Untrue*
Joy Division – *Love Will Tear Us Apart*
Jaël – *Last Will from Your Love*
Magnetic Fields – *I Don't Want to Get over You*
Elvis Presley – *Always on My Mind*
Bob Dylan – *Don't Think Twice, It's Alright*
Adele – *Someone Like You*
Manuel Stahlberger – *Da mit üs*
Frou Frou – *Hear Me Out*
Jimmy Ruffin – *What Becomes of the Broken Hearted*
ABBA – *Knowing Me, Knowing You*

Emiliana Torrini – *At Least It Was*

Everything But The Girl – *Single*

Nils Frevert – *Du kannst mich an der Ecke rauslassen*

No Doubt – *Don't Speak*

Cake – *I Will Survive*

New End Original – *Better Than This*

Die Höchste Eisenbahn – *Pullover*

Sie finden diese kleine Sammlung als Spotify-Playlist auf *thomasmeyer.ch*

Thomas Meyer
Wolkenbruchs wunderliche Reise in die Arme einer Schickse

Roman

Der junge orthodoxe Jude Mordechai Wolkenbruch, kurz Motti, hat ein Problem: Die Frauen, die ihm seine *mame* als Heiratskandidatinnen vorsetzt, sehen alle so aus wie sie. Ganz im Gegensatz zu Laura, seiner hübschen Mitstudentin an der Universität Zürich – doch die ist leider eine *schikse*: Sie trägt Hosen, hat einen wohlgeformten *tuches*, trinkt Gin Tonic und benutzt ungehörige Ausdrücke.

Zweifel befallen Motti: Ist sein vorgezeichneter Weg wirklich der richtige für ihn? Sein Gehorsam gegenüber der *mame* mit ihren verstörenden Methoden schwindet. Dafür wächst seine Leidenschaft für Laura. Die Dinge nehmen ihren Lauf. Und Motti kann schon bald einen vorläufigen Schluss ziehen: Auch *schiksn* haben nicht alle Tassen im Schrank.

»Thomas Meyers Entwicklungsroman im Stile Woody Allens ist eine religiöse Emanzipationsgeschichte – mit zuverlässig witzigen Pointen.«
Beate Tröger / Frankfurter Allgemeine Zeitung

»Die Sprache wird in diesem Roman selber zum Ereignis, wie es sich für gute Literatur gehört. Sie ist geschriebene Leichtigkeit.«
Thomas Widmer / Tages-Anzeiger, Zürich

Auch als Diogenes Hörbuch erschienen,
gelesen von Thomas Meyer

Thomas Meyer
Wolkenbruchs
waghalsiges Stelldichein
mit der Spionin

Roman

Der orthodoxe Jude Motti Wolkenbruch hat immer brav getan, was seine Mame von ihm erwartete. Bis zu dem Abenteuer mit einer Schickse. Motti verliert sein Zuhause und wird von den »Verlorenen Söhnen Israels« aufgenommen. Wie sich aber bald zeigt, sind sie weit mehr als eine Selbsthilfegruppe: Motti befindet sich im Hauptquartier der Jüdischen Weltverschwörung. Doch die ist ein erfolgloser Lotterladen. Motti übernimmt das Steuer, und bald wird überall nur noch Hummus gegessen und Jiddisch gesprochen. Allerdings will auch eine Gruppe von Nazis die Welt beherrschen. Sie fluten das Internet mit Hass und Grammatikfehlern – und setzen die schöne Spionin Hulda auf Motti an.

»Das Buch erzählt eine haarsträubende Geschichte, eine wilde Mischung aus Agentenroman und Social-Media-Märchen, strotzend vor Klischees. Das ist natürlich Satire – und tatsächlich komisch.«
*Martina Läubli/*NZZ *am Sonntag, Zürich*

»Ein herrlich absurdes Szenario und trotzdem hochaktuell.« *Sharonna Barel/Emotion, Hamburg*

Auch als Diogenes Hörbuch erschienen,
gelesen von Thomas Meyer

Thomas Meyer
Rechnung über meine Dukaten
Roman

Preußen im Jahre 1716. Der exzentrische König Friedrich Wilhelm I. gibt Unsummen aus für die Langen Kerls, seine Leibgarde aus lauter riesigen Männern, die er zwangsrekrutieren oder im Ausland entführen lässt. Das widerfährt auch dem jungen Bauern Gerlach, den er zu seinem neuen Liebling erklärt.

Auch Betje, eine großgewachsene Konditorstochter, findet Gefallen an dem fremden Hünen. Während sie sich fragt, wie sie ihm näherkommen könnte, beschließt der König aus Spargründen, seine Riesen selbst zu züchten, und Betje findet sich plötzlich in offizieller Mission in Gerlachs Kammer wieder.

Doch der König hat ein, zwei Dinge nicht auf der Rechnung – darunter den unzähmbaren Zorn des norwegischen Riesen Henrikson…

»Ein unfassbar komischer historischer Roman.«
Stephan Draf / Stern, Hamburg

»Ein augenzwinkerndes Buch über Menschenplanung vor dem Gentechzeitalter.«
Daniel Arnet / SonntagsZeitung, Zürich

»Intelligenter Lesespaß.«
Claus Ambrosius / Rhein-Zeitung, Koblenz